또따또가 원도심 스토리텔링

부산, 장소를 꿈꾸다

책머리에

작년 이맘때. 영산 줄다리기에 쓰였던 새끼줄을 잘라다가, 또따또가 운영지원센터 사무실에 걸어 놓았습니다.

간혹. 새끼 꼬인 마디마디를 볼 때마다, 원도심 향수에 꼬여 모여든 삼백여 예술가들이 서로를 동여맨 모습처럼 보입니다.

똘레랑스. 따로 또 같이. 삼백여 볏짚 가닥이 스무 개의 새끼줄을 꼬아 하나의 동아줄을 만들어 한 해를 줄달음 했답니다.

이제 지난해 쓰인 동아줄을 잘라내어 글로 쓰인 책 한권을 따로 냅니다. 땅, 사람을 따라 줄에 새겨진 이야기들을 모았습니다.

편집의 독립성만을 조건으로 선뜻 간행을 맡아준 도서출판 전망의 서정원 사장과 그의 아내에게 깊은 고마움을 전합니다. 방값으로 치기엔 너무 귀한 옥고를 내어준 문학집필실 작가 모두에게 감사드립니다.

2010. 12. 24.
부산시 원도심창작공간 또따또가 운영지원센터에서
차재근

차례_부산, 장소를 꿈꾸다

김미선 괴정 단물샘 • 11

김유리 리타 • 17

김수우 밥이 된 책, 책이 된 밥 • 69

김혜경 참 따뜻한 곳, 서동고갯길 • 86

나여경 열을 세고 나면 • 94
　　　─광복동 음악다방 無我

신정민 고갈비 골목 • 107

오소연 돌아와요 부산항에 • 117

이선형 부산유치원 은행나무 이야기 • 125

이현주 구포 이야기 • 142

정 훈 동광동의 기상, 백산기념관을 가다 • 157

최원준 송정역과 마을돌담과 오래된 이발소 • 168

필진소개 • 174

부산, 장소를 꿈꾸다

괴정 단물샘

김미선(시인)

1. 빨래터, 그 정겨운 모습

괴정동으로 이사한 후 동사무소(지금은 주민센터라 부른다) 가는 길엔가 우연찮게 빨래터를 지나게 되었다. 처음엔 도심 속 낯선 풍경이 의아스럽기도 하였지만 아직껏 이런 공간이 존재하고 있다는 사실에 신선한 느낌으로 다가왔다.

그리고 빨래터 주변 아파트를 맴돌며 20년째 괴정동 주민으로 살고 있다가 이 글을 쓰기 위해 빨래터를 다시 찾았다.

'빨래터' 얼마나 정겨운 단어인가?

예로부터 동네 빨래터는 빨래라는 일거리를 핑계로 아낙들이 모여 푸념도 하고 우스갯소리도 나누며 동네의 소식을 듣고 전할 수 있었던 소통의 공간이자 휴식의 공간이었다.

그러나 문명의 첨단을 달리는 요즘은 세탁에서 건조까지 버튼 하나로 아주 간편하게 빨래를 끝내주는 세탁기가 생겨나, 마을 앞에 강물이 철철 흘러넘쳐도 빨래하는 아낙들 모습 보기가 힘든 세상이 되었다.

그런데 요즘도 여전히 괴정동의 빨래터에서 빨래하는 아주머니를 만날 수 있다는 건 얼마나 아름다운 향수인가?

세월도 문명도 무관하게 옛 풍경이 살아 숨 쉬는 이 곳 빨래터로 가까이 가 보자.

2. 빨래터의 유래

괴정1동에 자리한 이곳 빨래터는 1918년에 만든 것으로 가로 2.3m 세로 6.3m 높이 2.6m라고 한다. 사람들이 다니는 길 아래쪽으로 내려다보고 있는데, 물맛이 좋아 '통샘', 또는 '단물샘'이라 불리었다. 또한 '큰새미걸', '괴정동 빨래터'로 불리고도 있는데, 가뭄이 와도 물이 줄지 않고 맑아서 예전에는 주민들의 식수로 이용되기도 했단다.

괴정(槐亭)의 지명(地名)은 팔정자 사연이 있는 회화나무(槐木)에서 유래된다. 지금은 인근 도로정비 과정에서 그 옛 모습이 사라졌다.

수령이 600년이 넘는 이 나무는, 가렴주구에 혈안이 된 포악한 다대포 첨사의 이야기와 동래부사의 벌목령 등 많은 전설을 안고 있으며, 회화나무의 또 다른 이름인 괴목(槐木)에서 마을 이름이 붙여진 것이라고 한다.

'통샘', '단물샘'은 괴정 패총 바로 밑에 있는 물 좋은 샘이었다. 이 샘은 괴정 패총인(貝塚人)이 살던 변한(弁韓)시대에도 사용되었을 것으로 전해지는데, 지금은 식수로는 사용되지 않고 빨래터로만 명맥을 이어가며 주민들의 사랑을 받고 있다.

3. 점점 멀어져간다

주민들의 말에 의하면 30여 년 전에 지금의 빨래터가 생겨났다고 한다.

옛날에는 이곳이 '미나리깡'이었다고 하는데 마을이 들어서면서부터 빨래터가 생겨났단다.

그때는 지금에 비해 빨래터의 규모가 배로 컸다고 한다. 세월의 변화에 지금은 가까이 괴정시장과 주위의 도시화로 빼곡히 들어선 건물들이 얽히고설킨 삶의 흔적 속에 '빨래터 당구장' 간판만이 시대를 잊은 듯 빨래터를 정겹게 내려다보고 있다.

4. '단물샘'의 달콤한 미래

빨래터를 빗질하고 계신 아주머니께 "물이 어디서 나오느냐?"고 여쭸더니 "쩌짝~ 작은 문 안쪽이 물이 나오는 샘물이여"라고 가르쳐준다. 물이 콸콸 흐르진 않지만 양쪽으로 둘러진 도랑으로 제법 물이 흘러간다.

이곳 빨래터를 찾는 아낙들은 거의가 중년을 훨씬 넘긴 나이다. 손수레에 빨래감을 챙겨 다니는 모습이 색다른 풍경으로 다가온다. 편리한 세탁기를 마다하고 빨래터를 찾는 이유를 묻자, '물이 좋아서 세재를 안 써도 집에서 세탁하는 것보다 깨끗하고 개운하다'고 말한다. 또 다른 이유로는 겨울에는 따뜻한 물이 나오고 여름에는 시원한 물이 나온단다. 그리고 전기세랑 물세도 절약할 수 있어서 여러 가지로 좋다니 알뜰한 우리네 아낙들 모습이다.

　이렇게 빨래터를 사랑하는 아낙들이 있기에 '단물샘'은 멈추지 않고 '퐁퐁' 솟아났을 것이다.

　앞으로도 오래도록 도심의 정화수 같은 샘물이 흘러서 삭막한 도심의 묵은 때들을 씻고 먼 미래까지 이어갔으면 하는 바람이다.

리타

김유리(소설가)

"원장님이 피로하셔서…"

투약구로 턱만 보이는 간호부는 민망하기라도 한 듯 아랫입술을 깨물었다. 백의의 양장 간호복을 입은 앙가슴이 땀으로 촉촉이 젖어 있었다. 양철 조각에 환자 기록부를 괜 검정색 지끈을 만지작거리는 손가락 끝은 먼젓번에 본 것과 같이 소독약에 거칠어져 형편없었다. 늘 목소리만 들어왔지만 가냘프고 기죽은 음성은 열여섯, 혹은 열일곱. 귀밑에서 자른 단발이 새까맸다. 마지막 통화에서 어을빈(魚乙彬)원장은 간호부의 이름을 불렀다.

보험에 들지 않겠다는 것이 아니라, 서류를 만드는 것이 복잡해서 말이에요. 의원에 한번 들르시지요. 헤이, 가네코!… 정신 좀 차리고, 아, 어쨌든, 지금은 바빠요.

부산우정국에서 아침마다 자동차를 보내 의원에서 만든 만병수를 백 수십 상자나 직접 실어가 조선 전국에 부치는 사업가인데도, 이제 사십 줄에 접어든 이 미국인은 조선어도 일본어도 서툴렀다. 자연 직접 날인해야 하는 계약을 하는 일에 까다로웠고 통역과 동행하지 않으면 조선인이든 일본인이든 몇 마디 말도 섞지 않았다. 의료선교사로 조선에 들어왔다던 스물 몇 살의 젊은 시절엔 제법 열의를 가지고 무료 진료도 했던 모양이지만, 어이없이 만병통치약으로 거부가 되면서 지금의 거만한 태를 내는 모양이었다.

"가네코 상."

나지막하게 부르자 종이끈을 만지작거리던 손이 멈췄다. 요시히로는 아직 길이 들지 않은 갈색 가죽 가방에서 손바닥보다 작은 글리세린 통을 꺼내 투약구로 밀어 넣었다.

"원장님이 자상하시지 않은 모양입니다."

손의 주인은 이쪽의 기색을 살피는 것 같았다.

"다시 오겠습니다."

요시히로가 '약제국'이라 쓰인 세 글자에서 뒤돌아섰을 때, 덜컹, 낡은 나무문에 끼운 유리가 흔들리는 소리가 들렸다. 돌아보자 가네코가 두 평 남짓한 약제국 방에서 빡빡한 문을 몸으로 밀고 비틀거리며 나오는 중이었다. 가느스름한 눈에 둥글고 편편한 얼굴을 한 단발의 가네코는 여느 조선 처녀와 다를 것 없이 수줍고 서툴렀다. 팔월의 더위에 젖은 가슴팍을 손으로 가리고, 화재보험 영업직원을 똑바로 쳐다보지 조차 못하는 가네코는, 뭔가 말하려다 말고 머뭇거리고, 얇은 입술을 달싹거리다 손가락으로 머리카락을 만지작거리며 기어들어가는 소리로 말했다.

"의원, 뒤로 돌아가시면…. 원장님은 사택에 계세요."

흐려지는 말꼬리처럼 가네코는 자취 없이 약제국의 작은 방 안으로 사라졌다. 덜컹, 나무문은 불안정한 소리를 내며 다시 꼭 맞게 닫혔다. 고맙다는 말을 하지 않은 채로 그는 의원의 미닫이를 열고 밖으로 나왔다. 코끝으로 선선한 바람이 불었지만 여전히 쨍한 볕이 작렬했다. 조선에서 보내는 첫 번째 여름이었다.

마지막으로 본 요코하마는 겨울 칼바람에 얼어붙어 있었다. 보험회사 수습을 2년 마치고 스스로 부산행을 택한 것은 충동적이었지만 잘한 선택이었다. 본토의 일본인들은 묘한 광기에 들떠 있었다. 작은 진보나 승리에도 습관적으로 외치는 반자이, 반자이는 사거리에서 두 팔 벌리고 고래고래 소리 지르는 외식적 기도와도 같았다. 메이지 유신 이후로 일본은 빠르게 변하고 있었다. 쇼군에게 머리를 조아리던 황국의 신민들은 불과 40년이 안 되는 사이 작은 섬나라 밖의 세상이 더 크다는 것을 알게 되었다. 유럽 유학파 출신인 이토 후작은 서양이 이룬 문명을 스펀지처럼 흡수하도록 했다. 말 잘 듣는 착한 학생처럼 일본은 강한 교사들을 찾아 섬으로 끌고 들어왔다. 해군은 영국을, 육군과 학문, 의학은 독일을 악착같이 베껴 익히면서도 앙큼스런 반외세의 속내를 감추었다. 일본식 정원을 싹 밀어내고 영국식 정원을 가꾸는 귀족마저도 기모노를 버리진 않았다. 엉덩이가 풍만한 서양 드레스를 입고 가슴을 드러낸 게이샤가 거리에 나타나기도 했지만 레이스 자락 아래에 머무는 시선은 탐욕이 아니라 경멸에 가까운 것이었다. 어떤 친구들보다도 먼저 복대를 벗고 양장을 해 입은 요시하라는 그런 틈바구니에서 멀쩡하게 살아가기가 불편했다. 학교 친구들에겐 '열강에 대항하기 위해'라는 핑계를 대고 영어공부에 매달린 것도 실은 일본에 거주하는 유럽인들과 두어마디 말이라도 나눠보기 위해서였다. 그의 관심을 끄는 것은 책과, 이국의 향기와, 직선의 양장이 돋보이는 자신의 큰 키 밖에 없었다.

부산항 전경

척박함과 풍요로움을 둘 다 가진 반도엔 그를 아는 사람이 아무도 없었다. 짐 가방 두 개와 함께 부산항에 내렸을 땐 몸을 녹일 술잔 하나 기울일 벗 하나 없다는 사실이 새삼 외롭기 짝이 없었으나 서류가방을 끼고 갑부를 만나러 초량 거리에 나서면 곧 고립감이 사라졌다. 어을빈 병원의 얼빈(Irvan) 원장은 사수가 물려준 첫 번째 대형고객이었다. 카타카나로 시작하는 서류철에 따로 분류되어 있던 두툼한 서류를 뽑아 지겹다는 듯이 밀어놓던 사수 마쯔모토 계장은 몇 번이나 찾아갔지만 만나주지 않았다는 얘기를 하며 고개를 절래 절래 흔들었다.

"영감이 여간 깐깐하지가 않아야지. 깔보는 태도인지 기질이 괴팍한 건지."

"계장님이 못하셨는데 제가 할 수 있겠습니까?"

"노당이 못했으니 미인계를 써보는 거지."

마쯔모토는 히이로(Hero)담배를 입술에 물고 불을 붙였다. 40이 넘은 중늙은이는 몽환적인 담배연기를 사무실 천장으로 피워 올리며 눈을 가늘게 떴다. 포마드에서 빠져나온 머리카락이 몇 가닥 이마 위로 늘어져 있었다. 요시하라가 손을 뻗어 그 머리카락을 이마 위로 정돈해주었다. 마쯔모토는 한 치의 미동도 없었다. 필요할 때만 웃기로 유명할 만큼 냉정한 사내였다.

"계(計)를 누구에게 써야 합니까?"
"기생도 여럿 불러봤지만 영감이 솔깃해하지도 않더군."
"취미가 색다른가요?"
"그런 줄 알았지. 그러나 계집은 계집이었어."

마쯔모토의 한쪽 입이 웃기 시작했다. 은색으로 퍼지는 담배 연기 사이로 그는 자신이 끝내 보지 못한 무언가를 상상하고 있었다.

"담장 안에 갇힌 꽃이 하나 있더군."

"선교사가 첩을 두었군요."
"첩 보다 더하지. 백날 얼빈 부인과 이혼 이야기가 나돈다니."
"보셨습니까?"
"목소리를 들었어. 그 댁 집사에게 일원이나 쥐어줬지. 열대여섯? 어스름한 저녁인데 그년 목소리가 담장 위로 쨍쨍했어. I'm sick of you! 소년 같은 목소리더군. 영감이 목을 메고 절절 매는 소리가 곧 들렸어. Rita, Do not say that. You gonna kill me?"

리타(理他). 그것이 담장 안의 꽃에 붙은 이름이었다.

"뭐, 아무리 거부라 해도, 보험 하나 따내는 것이 그리 큰 고과는 아니지만,"

마쯔모토는 은으로 만든 재떨이에 담배를 비벼 껐다. 충혈된 눈을 손바닥 아랫부분으로 꾹꾹 누르며 그는 중얼거리듯 명확치 않게 말했다.

"…… 자네의 계가 성공하면 알려주게."
"성공한다 해도 말하지 않겠습니다."
"그건 또 왜?"
"아무도 못 봤다면, 못 본 이유가 있는 것일 테니까요."

마쯔모토는 더 말하지 않았다. 손바닥에 가려진 입매가 웃고 있었다. 요시하라가 처음 부산 지사로 들어와 사수에게 깊이 머리를 숙였을 때, 그는 악수를 청하는 대신 담배를 비스듬히 물고 이렇게 말했었다.

조선에선 믿을 수 없는 일들이 간혹 일어나네. 마음의 준비를 하게.

기생들

긴 목을 늘어뜨린 게이샤들이 홍등 아래 분바른 창백한 얼굴로 돌아보던 교토의 거리대신 고급 기생들이 대낮에도 화려한 열두 겹 치마를 휘날리며 행차를 나서는 거리에서, 요시하라는 고향에 대한 향수 대신 마쯔모토가 했던 말을 떠올리곤 했다. 대부분 대

수롭지 않게 잊어버리고 살다가 문득문득 귓전을 스치고 지나가
는 그 음습한 목소리는 가끔 자신의 목소리인지 마쯔모토의 목소
리인지 구분이 되지 않았다.

　의원 뒤로는 살구나무로 빽빽하게 둘러친 정원이 숨어 있었다.
좀 박하다 싶을 정도로 거리를 두지 않은 나무와 나무 사이로는
아무것도 보이지 않았다. 더군다나 나무의 행렬 뒤로 사람 키 만
한 흙담이 견고하게 버티고 서 있었다. 부산 해관장을 지낸 영국
인의 사택을 양도받았다는 영국식의 조그만 2층 주택과 흙 담이
어울리지 않았다. 땅 위로 드러난 나무 뿌리 위로 담 아랫동을
함부로 덮은 것으로 봐서 의원이 생긴 다음에 서둘러 담장을 친
것 같았다. 담장을 따라 사택의 뒷문으로 걸어가는 동안 요시하
라는 분명치 않은 음성 몇 개를 들었다. 우는 것도 같고 웃는 것도
같고 노래하는 것도 같은 누군가의 목소리는 사람이 아니라 새나
짐승이 우는 소리 같기도 했다. 간헐적으로 잠깐 크훗훗훗, 잠깐
조용하다가, 다시 키힛. 하얀 레이스 같이 섬세하게 세공된 사택
의 현관문은 잠겨있지 않았다. 손끝으로 문을 밀자 소리도 없이
열리고, 한여름의 푸른 녹음이 눈부신 햇살 아래로 환하게 드러
났다.

　동광동에 즐비한 구식 한옥이나 일본식 주택들과는 확연히 다

동광동의 르네상스식 부산부청과 경찰서 민단역소

르게, 하얗게 칠한 나무 패널로 지은 서양식 사택 앞으로 펼쳐진 건 영국식 정원이었다. 풍경을 차단한 담장과 이질적으로, 아치형의 흰 돌다리가 가로지르는 정원 한 가운데의 연못을 중심으로 구불구불한 산책로를 따라 풍접초, 루드베키아, 흰 부용, 옥잠화 같은 꽃들이 앞 다투어 가장 큰 꽃잎을 펼치는 중이었다. 다른 세상처럼 담 속에 감춰진 비밀의 정원은 고요했다. 여름 나비가 날고, 꽃은 졌지만 주홍색 살구가 터질 것처럼 영글어 담 아래까지 가지가 휘청 늘어졌다. 주인을 소리쳐 불러야겠다는 생각도 하지 못한 채 요시하라는 몽롱하게 정원으로 걸어 들어갔다. 꽃과 꽃 사이로 우둘투둘한 대리석이 깔린 산책로를 따라 연못가로 다가서자, 비단잉어들이 발소리를 듣고 수면 위로 뻐끔뻐끔 입을 벌렸다. 연못의 중간을 반으로 나눠 가로지르는 다리는 하얀 석

조였다. 둥글게 다듬어진 난간은 적당히 풍파를 맞아 표면이 매끄러웠다. 다리가 시작하는 곳의 첫 번째 돌기둥 아래쪽엔 뾰족한 것으로 그은 낙서가 있었는데, 비바람을 맞아 잘 읽기가 어려웠다. 그는 홈의 먼지를 털기 위해 허리를 구부렸다.

"B … er … t……a."

그때, 등 뒤에서 변성기를 지나지 않은 소년 같은 목소리가 들렸다.

"베르타."

돌아보자, 살구열매가 휘영청 늘어진 녹음 아래로 얇은 흰색 원피스를 입은 깡마른 다리 두 개가 서 있었다. 맨발이었다. 발가락들은 담장아래 핀 꽃송이들을 함부로 짓밟고도 천연덕스러웠다. 분홍색 물이 스미기 시작한 발등에서 시작해, 부러질 것처럼 가느다란 소녀의 두 다리, 무릎께에서 팔랑거리는 면직 원피스 자락에 과실을 움켜쥔 두 주먹에서 뚝뚝 떨어지는 육즙을 지나, 하얀 손가락에서 터져 피어오르는 살구 향기, 태어나서 한 번도 자르지 않은 것 같은 검은색의 긴 머리카락, 그리고 – 과자로 만든 것처럼 달콤한 눈의, 리타.

조선에선 믿을 수 없는 일들이 간혹 일어나네.

마쯔모토 계장 목소리가 환청으로 귓가에 웅웅 거렸다. 꿈인지 현실인지 알 수 없는 이계로 굴러 떨어지는 순간, 그는 따가운 햇살 때문에 눈을 찡그렸다.

마음의 준비를 하게.

그늘에서 소녀의 고양이 같은 눈이 빛나고 있었다. 동그란 코 아래의 육감적인 입술 아래로 살구 과즙이 흘러내리고 있었다. 리타는 아무렇지도 않다는 듯이 손등으로 천천히 입술과 턱을 문질러 닦고서 그에게 걸어왔다. 그녀의 손안에서 뭉개진 과일 조각들이 떨어졌다. 한 발짝, 두 발짝, 잠시 멈췄다가, 다시 한 발짝, 두 발짝, 태양 아래로 그녀의 한 겹 원피스가 환하게 빛나기 시작했을 때, 그는 그녀가 원피스 아래에 아무것도 입지 않고 있다는 것을 알아차렸다. 미처 여자가 되지 못한 소녀의 깡마른 몸이 헐렁한 민소매 원피스 아래 숨어 있었다. 아랫배보다 더 아래 깊은 둔덕엔 검은 숲의 흔적마저 없었다. 그의 목젖이 위 아래로 한번 움직였다. 그가 서 있는 반대편 다리 입구에 선 리타는 둥근 돌기둥에 몸을 기대고 속삭이듯 말했다.

"우리 엄마 이름이야."

소녀는 키힛, 하고 부끄럽다는 듯 웃었다. 피부색은 백인보다는 동양인에 가까웠다. 검은 머리카락이 이질적이지 않았다. 그러나 깊은 쌍꺼풀이 진 두 눈과 살짝 벌어진 풍만한 입술은 전형적인 조선인의 것과는 거리가 멀었다.

"내가 썼어. 거기."

소녀는 두 손으로 둥근 기둥을 잡고 웃으며 좌우로 머리카락을 흔들었다. 그는 태양빛 아래서 부서지는 그녀의 머리카락에서 눈을 뗄 수 없었다.

"왜 엄마의 이름을 썼어?"
"사랑하니까."

딸이 어머니를 사랑하는 것은 자연스러운 일이었다. 하지만 이 아름다운 아치형의 다리에 저 가느다란 손가락으로 꼭꼭 눌러 새겨 넣은 이름은 사랑과 동경 이상의 것이었다. 요시하라는 당연하지 않은 질문을 했다.

"왜?"

소녀는, 놀라지 않았다.

"엄마가 날 주워 왔어. 리타는 부산항에서 왔어."

그때, 단호한 여자의 목소리가 여름 정원을 가로질렀다.

"리타!"

소녀를 부른 것은 중년의 서양인이었다. 빛바랜 금발을 하나로 틀어 올리고 긴소매 블라우스를 단정하게 입은 그녀가 얼빈의 아내 베르타 라는 것을, 요시하라는 직감적으로 알 수 있었다.

"엄마!"

리타가 정원을 가로질러 달려가 그녀의 허리를 안았다. 베르타 부인은, 차지도 따뜻하지도 않은 무표정한 얼굴로 저 쪽에 서 있는 일본인 사내를 쳐다보고 있었다. 목뒤에서 등을 지나 허리로 떨어지는 선이 한 번도 굽혀본 적 없는 것처럼 골곡이 별로 없는 직선이었다. 딸을 내려다보지 않는 채로, 베르타 부인은 한참 동안 요시하라를 보고 있다가 입을 열었다.

"또 꽃을 밟았구나."

부인에게서 황급히 떨어져 나온 소녀가 발에 물든 꽃물을 바닥에 문질러 닦았다.

"너에게 밟히려고 핀 게 아니야."
"잘못했어요."
"몇 번째 인지 모르겠구나."

요시하라는 유리로 만든 것 같은 그녀의 파란 눈 속이 텅 비어 있다고 생각했다. 그가 허리를 굽혀 정중하게 인사를 건넸지만, 그녀는 미동도 없이 그의 굽은 등을 보고 서 있었다. 리타가 그녀의 치맛자락을 쥐자, 그녀는 뿌리치는 기색도 없이 그 가느다란 손가락들 사이에서 빠져나왔다.

"네 방에 가서 기도해라. 꽃을 밟는 아이는 하나님이 지옥으로 보내시니까."

리타는, 그녀의 등을 와락 껴안았다. 그 순간 베르타의 한쪽 눈썹이 조금 움직인 것도 같았다.

"용서해주세요."
"용서는 하나님만 하실 수 있다."
"엄마가 용서해주세요."
"나는 신이 아니야."
"죽어버릴 거예요."

베르타가 소녀의 팔을 자신에게서 떼어냈다. 리타 - 리타. 도리 없는 리타. 그렇게 말하지 않았지만, 그녀의 뒷모습은 그렇게 말하고 있었다. 베르타가 허리를 굽혀 소녀의 귓가에 뭐라고 속삭이자 소녀는 울음을 터뜨렸다. 훌쩍이며 집으로 들어가는 리타의 양 어깨가 축 처져 있었다. 문이 닫히는 소리를 들으면서 베르타는 뒤를 돌아보지 않았다.

"누구이신지 알고 있습니다."
"어떻게……"
"가네코상에게서 들었어요. 세 번이나 찾아 오셨다구요."

베르타는 부드럽게 미소 짓고 있었다.

갈색의 진한 액체가 푸른색 염료로 사과가 그려진 홍차 잔에 쪼르륵, 하얀 김을 피워 올리며 채워졌다. 분쇄된 원두를 거르는 종이대신 거친 한지로 걸러진 커피는 미제 군용으로 나오는 분말보다 깊은 맛을 냈다.

"커피를 마셔보다니. 귀한 것을."
"미국인들은 아침에 커피를 마십니다만,"

베르타는 흰 무명천으로 옥색 주전자의 주둥이에 묻은 여분의 커피 방울을 닦아냈다.

"조선에 온 이후로는 꼭 점심때 마시게 되는 군요."
"부인께서 설립하신 규범학교(閨範學校) 이야기는 자주 들었습니다."
"남편의 일을 돕고 있을 뿐입니다."

차를 마시는 방은 일본식이었다. 소나무 패널로 두른 백색 벽에 미대륙에서 부터 가져온 골동품 접시들이 장식되어 있었지만 바닥엔 다다미가 깔렸고, 부인이 손수 내온 찻상 역시 일본의 나무 식판이었다. 커피를 담은 서버는 청자로 구워진 조선 술 주전자였다.

부산공립 제2심상소학교

"조선의 여자아이들은 총명하고 아름답지요. 규방의 꽃이 될지라도 교육을 받아야 합니다."

현재야 신분이 어떻든 선교사의 부인으로 살아온 20년간 저절로 밴 단아한 자태는 미국인이 아니라 조선 여염집 부인과 같았다.

"얼빈 선교사께서는……"
"지금은 선교사가 아닙니다."

무심코 튀어나온 호칭에 놀란 것은 베르타가 아니라 요시하라 쪽이었다. 그녀는 두 눈을 조용히 내리깐 채, 자신의 찻잔에 커피를 따랐다.

"사임하셨습니다."

선교사가 사임까지 이르게 된 사정이야 들을 것도 없었다. 마쯔모토 계장은 부산에 거주하는 일본인들과만 어울리니 소문에 늦게 노출될만하고, 등잔불 아래 달싹이는 입술들은 미국인 선교사가 첩을 두었다는 스캔달을 효과적이리만큼 빨리 전했을 것이다. 부인을 데리고 시내행차 한번 하지 않는 의원 원장의 태도 역시 일조했을 것이다.

"미스터 요시하라, 조선에 온지 얼마나 되셨습니까."
"요코하마에서 작년 겨울에 왔으니, 일 년이 되지 않았습니다."
"20년 전에 우리 부부 역시 요코하마에서 부산으로 왔습니다."

20년이라, 긴 세월이었다.

"……조선에, 너무 오래 살았습니다."
"고향이 그리우시겠지요."
"북미(北美)로 돌아가지는 않을 것입니다."
"그럼 어디로?"
"교토에서 선교를 할까 합니다."

세 번쯤 다녀갔다는 말을 전해들은 낯선 일본인 사내에게 이후의 동향까지 이야기할 필요는 없었다. 베르타의 푸른 눈은 다시 표정을 잃어갔다. 그에게 값비싼 커피를 대접하고 사임의 형식만 빌렸을 뿐 해임 된 것이나 다름없는 남편의 치부까지 언급해가며 그녀가 얻을 것은 무엇인지, 요시하라는 반쯤 비워진 찻잔을 들여다보며 자를 쟀다. 베르타는 창밖으로 펼쳐진 정원을 보고 있었다.

"……요시하라."
"네, 부인."
"영어를 어디서 배웠나요."
"책으로 독학했습니다."
"조선에 오면서, 영어를 독학하다 ……당신은,"
"네?"
"잘 생겼군요."

스스로에게 말하듯, 자신을 해석하는 그녀가 무슨 생각을 하고 있는지 그는 알 수 없었다. 창밖의 정원엔 조금 전 리타가 짓밟아 뭉갠 발자국이 드문드문했지만 확연했다. 커피를 한 모금 마시고 나서 베르타는 요시하라의 검은 눈을 똑바로 응시했다.

"저는, 이혼할 겁니다. 아들과 함께 교토로 가겠어요…… 계약서를 두고 가시고, 내일 다시 한 번 들러 주세요."
"따님은 데리고 가시지 않는 겁니까?"

순간, 베르타의 눈 밑 근육이 미세하게 경련했다. 딸의 이름을 부르는 것조차 자유롭지 않아 그녀의 입술은 부자연스럽게 움직였다.

"리타는……"

잔을 내려놓고, 그녀는 자신과 전혀 상관없는 이야기를 하듯 건조하게 말을 이어나갔다.

"열여섯 살입니다. 그녀의 부모는 하와이 사탕수수농장으로 이주한 조선인이었지요. 그녀를 데리고 온 선교사의 말에 의하면, 조선인 노동자들의 삶은 비참하기 이를 데 없는 지경이었다고 합

부산 북항 잔교, 배를 대는 부두.

니다. 농장주는 아시아에서 온 노동자들을 노예처럼 다루었습니다. 리타는, 조선여자와 백인 농장주 사이에서 태어난 아이입니다."

채찍을 들고 조선인들을 착취하며 호화로운 생활을 하는 백인 농장주들에 대한 적의가 어떠했으며, 그 틈바구니에서 태어난 리타가 축복받지 못하는 존재였다는 것은 짐작하고도 남음이 있었다.

"티라의 생부는 농장주에게 대들다가 맞아죽었습니다. 생모와 리타마저 같은 조선인들에게 맞아죽을 위기에 처한 것을 선교사가 구했지요. 선교사는 모녀를 부산으로 가는 배에 태웠지만, 갑판에서 생모는 술에 취해 얼어 죽었습니다."

모녀를 보는 적의에 가득한 시선들. 갑판 위에 드글거리는 조선인과, 일본인과, 서양인들. 술주정뱅이 여자가 하나 얼어 죽어갔지만 누구도 구하지 않았던 것이다.

"내가 그 배로 가서 리타를 데리고 왔습니다. 누구도 먹을 것을 주지 않아서 뼈와 가죽 밖에 없었지요. 태어나자마자 죽은 딸의 이름을 붙였어요. 시신 옆에 구정물을 뒤집어쓰고 앉아 있었지만, 사랑스럽고, 또 그녀가, 내 손을 잡았을 때……"

베르타는 더 말을 잇지 못했다. 그러나 그 파란 눈이 다시 한 번 그의 눈 속 깊은 곳으로 한 번에 파고 들어왔을 때, 그는 그녀가 무슨 말을 하고 있는 것인지 알아차렸다.

"당신에게 교토의 주소를 보내겠습니다."

그녀는 뚫어질 것 같이 그의 눈을 똑바로 바라보며 그의 뇌리에 문신처럼 새겨진 마지막 말을 했다.

"저는 미국으로 돌아 갈 수 없는 처지입니다만, 미국에 많은 친구들이 있습니다. 당신의 영어공부가 헛되지 않기를 바라겠습니다. 소식을 전해 주십시오."

손님을 배웅하는 것이 관례임에도 불구하고 베르타는 발자국 소리도 내지 않고 다실을 나갔다. 그녀가 남긴 찻잔의 커피는 식어 있었다. 할 일을 다했다는 듯, 그녀가 사라져버린 자리에는 누군가 있었다는 흔적도 없었다. 마시다 만 커피가 절반쯤 담겨 있었을 뿐이었다. 다다미의 결이 얇은 양복 바지를 누르고 무릎에 자국을 남길 때까지 요시하라는 일어서지 않았다. 심장으로 들이치는 뜨거운 바람만이 맥동치고 있었다.

다음날 얼빈 병원을 다시 한 번 찾아왔을 때, 가네코가 원장의 서명이 깔끔하게 날인된 보험계약 서류를 봉투에 담아 그에게 건네주었다. 원장은 여전히 그를 위해 시간을 내주지 않았다. 진료도 간간히 하긴 하나 내키는 대로 출근을 하는 모양이었다. 외출도 자주 하지 않는 그가 살구나무 몇 십 그루에 숨겨진 정원 안에서 무엇을 하며 여가를 보내는 지 아는 사람은 거의 없었다.
다만 요시하라가 베르타를 만난 지 한 달이 채 못 되어 규범학교의 운영은 다른 사람이 맡게 되었고, 베르타 부인이 곧 부산을 떠날 거라는 소문이 파다한 가을 초입, 우연히 동광동을 지나던 요시하라는 얼빈 사택에서 일어난 난리 소동을 목격하게 되었다. 지게꾼이 네 명이나 와서 사각의 대나무 광주리에 담은 베르타 부인과 아들의 짐을 밖으로 나르고 있었다. 안색이 파리하고 마른 미국인 청년이 당황한 지게꾼들과 집 밖에 어정쩡하게 서 있는 동안, 하얀 대문 안쪽에서는 짐승이 울부짖는 듯한 리타의 목소리가 동네에 꽐꽐거리는 중이었다.

Don't leave me! Don't abandon me! I was wrong. I really guilty! I should have died! I love you, love you, Mom. Mommy, Mommy, Mommy! Don't abandon me, Don't leave me here! Don't go, don't go, I'll die. I'm gonna die !!!!!

엉망진창이나마 분명하게 문장을 말하던 그녀는 곧 아아아악, 아아아아아악, 비명을 질러대기 시작했다. 동네사람들이 족히 몇 십명은 입구를 둘러싸고 서서 이 희안한 광경을 구경하는 중이었다. 블라우스와 치마가 쥐어뜯긴 베르타 여사가 서두르지도 않는 발걸음으로 문밖으로 나왔을 때, 요시하라는 그녀의 눈에 가득 차 튀어 오르는 독기를 읽을 수 있었다. 철커덩, 소리를 내며 정원의 문이 닫혔고, 요시하라는 가까스로 군중들을 뚫고 베르타 부인 곁으로 다가섰다. 부인은 여전히 파란 불꽃이 튀는 눈으로 천천히 옷매무새를 고쳤다. 요시하라가 곁에 있다는 것도 모르는 것 같았다. 리타가 닫힌 대문 안쪽에 매달려 울부짖고 있었다. 부인은 또박또박한 조선어로 지게꾼들에게 '갑시다'라고 말하고, 여전히 직선으로 등을 쭉 편 채 어쩔 줄 몰라 하는 아들과 지게꾼들을 이끌고 곧 그 거리에서 사라졌다. 마미, 마미, 마미이이이이이! 리타는 길에 버려진 개처럼 철창을 치며 울었다. 다음 순간,

부산 장수통 (현 광복로)

누군가가 리타의 입을 틀어막았다. 요시하라가 본 것은 맨발로 발버둥 치며 꽉 잠긴 철 대문을 걷어차는 그녀의 입을 단단히 막고 서둘러 정원 안쪽으로 사라지는 중년 남자의 뒷모습이었다. 백발이 드문드문 섞인 옅은 갈색 머리에 호리호리하고 큰 키, 소녀의 얼굴 반을 다 가린 서양인의 큰 손, 아무것도 보지 않고, 아무것도 보이지 않으려는 황급한 걸음, 정원의 주인, 이 모든

비밀을 감춘 남자 – 어을빈, 얼빈 원장이었다.

얼빈 의원 원장 부인이 살림살이를 챙겨 도망가 버렸다는 소문이 온 동광동 시내를 속속들이 채운 며칠 후, 그일 이후로 쭉 진료를 보지 않은 원장이 가네코의 퇴근 시간이 다 되어 갈 무렵에서야 병원에 나타났다. 해가 이제 막 어둑하게 지려는 저녁 밥 시간이었다. 얼빈은 경황이 없어보였지만 원장실로 들어가 몇 십분 보내다가, 침착한 목소리로 그녀를 불렀다. 쭈뼛거리며 그녀가 원장실로 들어선 후에도 한참 동안 그는 손가락으로 진료대를 탁, 타악 반복해서 두드리고 있을 뿐이었다.

"…… 금자. 몇 살이지?"

원장이 그녀의 조선 이름을 부른 것은 3년 만에 처음 있는 일이었다. 간호사 양성소를 간신히 졸업한 그녀가 열다섯 살 때 거의 모르는 영어로 개발새발 쓴 이력서를 들고 부들부들 떨며 원장실에 들어왔을 때, 딱 한번, 소리 내 이력서의 내용을 읽었던 적이 있었다. 김금자. 가네코. 자네는 이름이 두 개로군. 하긴, 조선인들은 개명을 해야 하니까. 가네코라 부르지.

"열 여덟입니다."

원장은 가죽지갑에서 십원짜리 한 장을 꺼내 테이블 위에 올려 두었다. 40원의 월급을 받는 그녀에게 제법 큰 액수의 돈이었다.

"상점에 가서, 열여섯 살 여자애가 좋아 할 만 한 것으로 뭐든지 사게. 옷이든 반지든 머리핀이든, 한 상자 사서 사택으로 들어와."

가네코는 선뜻 그 돈을 쥐지 못하고 머뭇거렸다. 3년간 사무적인 조로 명령만 하던 원장이 제 손으로 돈을 내어 놓는 것도 처음이었고 '열여섯 살 여자애'에 관해 언급하는 것도 처음이었다. 한 달에 한번 베르타 부인에게 월급을 받으러 사택으로 들어 갈 때마다 급하게 마룻바닥을 달려 2층으로 사라지던 작은 발소리가 여자라는 것은 알고 있었다. 병원에 들어오기 전에도 원장이 첩을 두었느니 마니 하는 소문이 더러 있었기에 그저 수줍음 많은 작은 댁인가 짐작은 했지만, 나이 많은 중년 남자를 치마폭으로 휘감은 요부가 저보다 어린 계집애라는 것 까진 알지 못했다.

"어두워지기 전에 다녀오게. 인력거를 타."

채근하는 투였다. 싫다 좋다 할 여유도 없이 지전을 쥐고, 월급을 들고 나올 때보다 더 주변을 흘깃거리며 거리로 달려 나왔지만 마땅히 장신구나 노리개를 살만한 상점이 없었다. 의원에서 번 돈을 거의 다 김해 촌집으로 부치는 통에 인력거 씩이나 타볼 꿈도 꿔보지 못했던 그녀는 무작정 일본인 거리로 달릴 수밖에 없었다. 해가 뉘엿뉘엿 넘어가는 동안 숨이 턱에 차도록 달려 일본인 거주지로 들어선 그녀는, 해가 다 진 후에도 호화로운 불야성이 이어지는 거리 입구에 숨이 턱 막혀 멈춰서고 말았다. 그곳은 조선이 아니라 일본이었다. 조선 땅에서 사람을 치고 때려도 별반 처벌받지 않는 일인들은 게다를 끌며 선물 꾸러미를 들고 흥청거리거나 초저녁부터 술에 취해 갈지자 걸음을 걸으며 '아이다사미다사니 고와사모와 스레' 따위의 일본 속가(俗歌)를 불러 제꼈다. 전등이 환하게 켜진 캬바레 극장 불빛이 위압적이었다. 달려오는 동안 그녀는 마치 제 것을 사는 듯이 머릿속으로 자락이 긴 서양 잠옷과 비단 양말, 아지노모도 분첩, 펌프스 슈즈 같은 것을 떠올렸지만, 거친 숨을 몰아쉬며 그 거리에 서는 순간, 머릿속이 하얗게 비어버렸다. 손바닥 속의 지전은 땀에 흠뻑 젖어 있었다. 무릎이 꺾여 버린 그녀는 길 가에 쪼그리고 앉아 흘깃거리는 행인들의 시선 속에 내버려져 있었다. 불쑥, 시야 속으로 요시하라의 얼굴이 들어온 것은 그때였다.

부산 매립통 (대표적 상점가)

"가네코상?"

그녀는 이마의 땀을 훔치며 얼른 일어섰다. 요시하라의 얼굴 가득 미소가 떠올라 있었다.

"어쩐 일이세요, 혼자, 여기."
"워, 원장님, 심부름을…"
"아아, 심부름 오셨다가 길을 잃으신 거로군요. 어딜 찾으십니까?"

굽 있는 펌프스, 양장 구두요, 아지노모도 분이요, 비단 양말,

같은 것들을 말하지 못해, 가네코는 손가락으로 가까운 상점의 창문을 가리켰다. 낮은 목조 건물의 상점엔 신여성들이 즐겨 신는 일제 구두가 대여섯 켤레 진열되어 있었다.

"구두? 원장님이 여자 구두를 사오라고?"

그녀가 고개를 끄덕이자, 요시하라는 골똘히 생각에 잠기는 듯했다. 한번 눈길을 줬을 뿐 반짝거리는 가죽 구두는 두 번 보지도 않았고, 저것만 사면 되느냐, 왜 당신을 시켰느냐, 누가 신을 거냐 따위는 묻지도 않았다.

"양장 구두 대신 다른 게 좋겠어요."
"예?"

요시하라는 대답하는 대신 자신을 따라오라는 손짓을 했다. 번화가 외곽의 주택으로 가는 길이었다. 가네코는 고개를 푹 숙인 채 저만치 사이를 두고 그의 뒤를 따랐다. 잠시 후, 여자들이 좋아할만한 소품을 대신할만한 다른 것이 담긴 커다란 널빤지 상자가 가네코에게 들려졌고, 요시하라는 큰길까지 나와 가네코를 인력거에 태워 주었다. 30전을 인력거꾼에게 찔러주며, 아가씨가 피로하시니 달리지 말고 걸어가라는 당부도 잊지 않았다. 십 원짜리 지전은 여전히 구겨져 그녀의 손에 꼭 쥔 채로였다. 태어나서 처음 타보는 인력거 탓인지, 사오라는 것 대신 엉뚱한 걸 들고 돌아가는 두려움 때문인지, 아가씨, 라는 말을 들었기 때문인지, 코끝까지 심장이 쿵쿵 튀어 오르고 있었다.

원장의 서재에서 구해온 것에 대한 보고를 마치고 나오자, 사택을 관리하는 집사격의 일꾼이 기다리고 있었다. 그는 목소리를 낮추어 가며 한껏 불만스런 투를 냈다.

"여간 드센 게 아니라, 원장님이 아주 골치가 아픈 모양이야. 살살 달래 문이나 열구 끼니나 거르지 않게 해달라구. 아주 나흘이나 내리 곡기를 끊어버리니 도리가 있어야지, 나 원…"

낯이 거무튀튀하고 입이 툭 튀어나온 집사는 2층 가장 마지막 방의 문 앞까지 가네코를 데려다주고 계단을 내려갔다. 가네코가 손가락으로 문을 두드리자, 문 안쪽에선 여자의 터져 갈라진 쇳소리가 돌아왔다. Get out! 움찔, 손을 거둬들였던 가네코는, 발치에 내려두었던 상자를 들고 문의 사이 틈으로 목소리를 흘려보냈다.

"문 좀 열어보세요."

저 쪽은 잠시 대답이 없다가, 숨죽인 발자국 소리를 몇 개 내더니 곧 손바닥만큼만 문을 열었다. 문과 문틀 사이로 가네코를 빤히 쳐다보는 고양이 눈은 형편없이 푹 꺼져 있었다.

"선물을 가져왔어요."

문 안쪽의 소녀는 바싹 마른 눈두덩으로 그저 적의에 가득찬 시선만 쏘고 있었다.

"문 좀, 열어보세요."

가네코는 그녀의 눈 앞까지 상자를 힘껏 들어 올려 보여주었다.

"선물은 필요 없어."

쏘아붙이지는 않았다. 가네코에게 호기심이 조금은 있었는지, 문을 쾅 닫아버리지도 않았다.

"요시하라상이 손수 구해서 보내셨어요."
"난 그런 사람 몰라."
"요전에, 집으로 오셨던 일본인이…"

그제서야 소녀는 방문을 마저 다 열었다. 그녀의 방 안을 가득 채우고 있는 공주님의 소품들 때문에 가네코의 눈이 휘둥그레졌다. 나무로 만든 이부자리만큼의 발 없는 평상을 붉게 염색한 굵은 밧줄로 네 귀를 꿰어 천정에 고정시킨 침대부터 시작해서 두 개의 창가를 가득 차지하고 앉은 통통한 팔의 미제 인형들은 살아 있는 어린애 같았다. 웬만한 남자 키보다 큰 삼나무 옷장이 두 개였고, 바닥에 팽개쳐졌으나마 풍성한 레이스가 달린 원피스와 하이넥 라인의 긴 드레스, 새하얀 보닛, 색색깔의 리본, 통통하게 부풀어 오른 쿠션에 달린 프릴들. 가네코는 신기해하는 태를 내지 않으려고 눈을 내리 깔았지만 소녀는 이미 눈치를 채버린 모양이었다. 이까짓 것, 다 필요 없어! 소녀는 비로드 드레스를 걷어찼다. 새끼 고양이 같은 얼굴을 하고 이토록 우악스레 구는 계집애는 처음이었다. 도리어 침착해져버린 가네코는 상자를 바닥에 내려놓았다. 소녀가 뚜껑을 열자, 낑, 낑, 애타는 소리를 내며 상자 위로 백구 강아지 한 마리가 앙증맞은 앞발을 내밀었다. 화아, 소녀는 탄성을 질렀다. 까칠한 뺨 위에선 미소대신 태어나서 처음 강아지를 보는 것 같은 경탄이 서려 있었다.

리타는 강아지를 차마 한번 안아보지도 못하고 앞에서 옆에서 방향을 바꿔가며 눈을 동그랗게 뜨고 들여다보기만 했다. 와아, 와아, 키만 비쭉 큰 어린애처럼 어울리지 않게 탄성만 질렀다.

"요시하라상이, 나한테?"
"……네에."
"그이는, 뭐하는 사람이야?"
"화재보험회사 직원이예요."

 어머니의 부재 때문에 닷새나 끼니를 거르고 절망에 빠져있던 티라의 두 눈동자 속에 갈색의 생기가 금방 차올랐다. 있어봐, 있어봐 언니, 하며 화장대 쪽으로 일어나는 리타의 두 무릎은 금방이라도 부러 질 듯이 뼈만 남아 있었다. 사람만한 거울이 달린 화장대에 달린 네 개의 서랍을 이리저리 잡아 빼고 들들 뒤지던 리타는 손바닥만 한 칠기갑의 거울 하나를 찾아와서 가네코의 손에 쥐어 주었다.

"이거, 그 사람한테 전해줘, 응? 리타가 줬다고."
"회사는 가까워요. 직접 가시는 게."

 리타는 강아지의 겨드랑이에 손을 끼우고 눈 높이 만큼 들어 올려 가슴팍의 젖냄새를 맡으며 태연하게 말했다.

"난 못 나가잖아."
"왜요?"

"왜냐니, 리타는 서양인의 피가 섞였으니까, 밖에 돌아다니면 순사가 잡아가는 걸?"

부산에 혼혈인은 흔치 않은 것이었지만 잡아다 벌을 준다는 법은 듣도 보도 못한 것이었다.

"누가 그러던가요?"
"아버지가."
"아버지가 누구예요?"
"아버지가 아버지지 누구긴 누구야?"

강아지가 입술을 핥자, 리타는 드디어 까르륵 웃음을 터뜨렸다. 가네코는 이 깡마른 계집애가 누구인지 감히 상상할 수도 없었다. 집 안에 유령처럼 존재하는 작은 발소리였고 동네를 수군거리게 만드는 소문의 주인공이었고 자상한 베르타 여사가 짐을 싸게 만든 요부가 눈앞에 있는 그녀라고는 믿을 수 없었다. 얼빈 원장에겐 베르타 여사와의 사이에서 난 아들이 있었으니 주워다 기른 양딸이 이 소녀이고, 첩은 다른 방에서 역시 숨을 죽이고 있을 거라고 상상하는 것 밖엔 도리가 없었다. 집 밖을 나가지 말라고 터무니없는 거짓말로 겁을 준 것도 혼혈을 경멸하는 시선들로부터 지키기 위한 것이라고.

"언니, 꼭 요시하라 상에게 전해줘야 해."

네에, 라고 대답하고, 가네코는 방에서 나오기 위해 문을 열었다. 리타는 뒤뚱거리는 강아지를 따라 마룻바닥을 무릎으로 기며 귀여워, 귀여워, 하고 웃음을 터뜨렸다. 문을 나서기 직전, 가네코의 가슴 속에 뭉글거리며 차오르는 물음 하나가 있었다. 원장이 달가워하지 않을 것이었지만 저도 모르게 그 말은 입 밖으로 튀어나왔다.

"아가씨, 몇 살 때 이집으로 왔나요?"

……달은 베르타의 눈처럼 새파랬다. 불 꺼진 서재에서 책상만 노려보던 얼빈은 머리위에서 들리는 리타의 웃음소리를 듣고 있었다. 마루가 이따금씩 쿵쿵 거렸다. 리타의 방은 불이 꺼진지 오래였지만 가네코가 가져온 강아지와 노느라 잠이 들지 않는 것 같았다. 가네코는 상자를 그의 발치에 내려놓고 십 원을 돌려주었다. 상자를 열자 꼬물거리며 그를 올려다보던 짐승 때문인지 땀에 흠뻑 젖은 지전 때문인지 얼빈은 일순 불쾌해졌다. 아이들은, 강아지를 좋아하니까…. 말끝을 흐리는 가네코 때문인지, 아니면 리타가 처음 이 집에 오던 날부터 단 한 번도 아이라고 생각해 본 적 없었던 바로 그 자신 때문인지. 심부름 값이니 가져가게,

꼬깃꼬깃해진 십 원을 가네코에게 돌려주고, 집사와 식모가 하루 일과를 마치고 뒷방으로 돌아가는 소리를 확인 할 때까지 그는 서재에서 움직이지 않았다. 등을 꺼버린 것도 일찌감치 잠자리에 든 척 하기 위해서였다. 조선에서 살아온 20년 동안 그는 거만하고, 말없는 사람이었다. 아내와도 필요한 말 이외에는 몇 마디 나눠 본적 없었다. 처자식이 짐을 꾸릴 때도 붙잡지 않았다. 주님, 저는, 얼빈은 마음속으로 그의 신을 불렀다. 그가 저지른 죄의 리스트들은 선지자 이사야가 규정했던 죄의 리스트와 많은 부분 일치했다. 주님, 주님, 주님, 2층으로 올라가는 계단을 하나하나 밟을 때마다, 가장 마지막에 있는 리타의 방을 향해 한 걸음 한걸음 걸어 갈 때마다 그는 위선적으로 신의 이름을 불렀다. 그의 발소리가 2층에 나타났을 때부터 리타의 웃음소리가 그쳤다. 닷새 동안 닫혔던 방문은 허무하게도 쉽게 손잡이가 돌아갔다. 어두운 방 안엔 달빛만 가득했고, 그의 양딸은 흰 개를 안고 침대 끝에 두 다리를 흔들며 문을 등지고 앉아 있었다. 팔꿈치 아래로 몽땅한 꼬리가 팔랑거렸다.

"리타……"

돌아보는 리타는 미소 짓고 있었다.

"최고의 선물이예요. 아빠."

짐승은 어떤 종류라도 번거로운 것이었지만 그녀의 팔 안에서 저 작고 처량한 강아지를 빼앗을 수는 없었다.

"주방에 스프가 있어. 가져다 줄까?"

리타는 대답 대신, 한쪽 팔을 그에게 내밀었다. 이리와요, 아빠. 달을 반사하는 그녀의 달콤한 눈동자, 방안을 가득 채우는 사랑스러운 향기, 리타, 리타. 얼빈은 그녀의 손바닥에 입 맞추고, 우악스럽게 그녀의 팔 안쪽을 입에 물었다. 리타가 뜨거운 숨결을 내뱉으며 그의 귓가에 속삭였다. 날 버릴 거야? 얼빈은 리타의 얇은 원피스 속으로 입술을 옮기며 격정적으로 외쳤다. 너는, 너는 날 버릴 거냐? 리타는 큿큿큿, 웃기 시작했다. 침대 아래로 기어들어간 강아지는 작은 울음소리를 내다가 이내 잠잠해졌다.

한 두 시간쯤 지난 후 침대에서 빠져나온 리타는 주방으로 내려가 찬장 안에 든 음식물을 모조리 꺼내 입안으로 밀어 넣었다. 배추와, 날생선과, 붉은 쇠고기 덩어리와, 사과와 밀감 따위를 닥치는 대로 씹지도 않고 꿀꺽꿀꺽 삼키고, 비틀거리며 정원으로 나와 모조리 다 토해버렸다. 차가운 달에 스치는 얼굴들은 이름

말고는 눈코입이 기억나지 않았다.

……엄마, 리타는 그녀의 삶에서 삭제되어버린 이름 하나를 불렀다. 베르타, 베르타, 엄마. 입술과 턱에 묻는 토사물을 닦지도 않은 채 리타는 달빛 한가운데로 걸어 나갔다. 연못을 가로지르는 석교에 다다랐을 때, 휘청이며 현기증이 일었다. 화단으로 털썩 쓰러진 그녀는 두 눈 속으로 눈부시게 쏟아지는 달을 올려다보았다. 시계가 웅웅 어지럽게 돌았다. 꽃향기가 역겨웠다. 코 안에서 뜨거운 열기가 느껴졌다. 쌀쌀한 밤바람 때문인지, 리타는 몇 번 콜록거리다, 마저 남은 음식물을 게워 냈다.

가네코가 요시하라의 초량 사무실로 찾아 온 것은 정오가 마악 지났을 무렵이었다. 손수건에 싼 손거울 하나를 건네주고 그녀는 리타, 아가씨가, 라며 분명치 않게 얼버무렸다. 바느질로 사각형의 면을 꼼꼼하게 박음질한 손수건에는 한 귀퉁이에 그의 이름이 새겨져 있었다. 리타 같은 말괄량이가 수건에 수나 놓고 앉았을 리가 만무했다. 그냥 돌아가겠다는 가네코를 몇 번이나 되잡아 회사 응접실에 끌어다 앉혀 놓고, 사례조로 고급 고객들에게 돌리는 만년필을 주었다. 나무곽에 담긴 만년필을 보고 나서 가네코는 얼른 도로 내려놓았다.

"저 같은 것이 만년필은 무엇하게요."

"저 같은 것이라니요, 그렇게 말씀하시면 안됩니다."

그녀의 볼과 귀가 빨갛게 달아올랐다. 요시하라는 일본에서 가져온 말차를 거품 내 대접했다.

"간호부는 신여성입니다. 왜 그리 주눅들어 있는지 저는 잘 모르겠군요."
"신여성이 아니예요."
"40원이나 월급을 받는데, 가네코상은 장신구 하나 사지 않는군요."
"집에, 보내야 하니까…"
"욕심이 없으시군요."
"……욕심을 부리면 안되니까요."

요시하라는 리타의 안부를 먼저 묻지 않았다. 결코 욕심 부릴 줄 모르는 바보 같은 이 여자는 그의 손목시계가 착착 초침소리를 낼 때마다 불안해했다. 그는 그저 미소 지으며 그녀의 내리깐 눈을 바라보고 있기만 해도 됐다.

"아가씨가, 강아지를 좋아했어요."
"운이 좋았군요."

"강아지를 처음 보는 것 같았어요."
"귀하게 자란 규수인가 보군요."
"원장님이 과하게 보호하셔서."

침을 한번 삼키고 그녀는 떨리는 목소리로 이야기를 이어나갔다.

"아가씨는 나이를 정확히 모르세요."
"네?"
"원장님 사택에 들어온 것을 일이년 전으로 알고 있더군요. 시나노가와마루를 타고 부산항에 들어온 것을 기억하고 있었어요. 시나노가와마루호는,"
"다이쇼 2년에 현해탄에서 침몰했지요."
"……전답을 다 팔아 일본으로 장사하러 가던 제 부친이 그 배에 탔었으니까요."
"고생이 많으셨군요, 가네코상."
"조선 여자들은 대개……그렇게 사니까요."

그녀는 베르타 부인이 그랬던 것처럼, 중요한 말을 하기 전에 찻잔을 내려놓는 습관이 있었다. 사기잔이 나무받침에 둔하게 부딪혔다. 조선 백자로 구운 찻잔 속의 차는 한 방울의 파문도 일으

키지 않았다.

"……6년 동안, 집 밖으로 나가지 못했다고 합니다."

요시하라는 무릎에 팔꿈치를 올리고, 턱 앞에서 두 손을 깍지 꼈다. 그의 가려진 입과 손 안의 공동 사이에 음습한 계(計)가 뭉글뭉글 차올랐다. 등줄기로 뜨거운 땀이 배어 올랐다.

"아직 어린 아가씨가, 안타깝군요."

그는 진심으로 슬퍼했다. 담장으로 빽빽이 둘러쳐진 꽃 한 송이를 다시 목견이라도 할 수 있는 기회가 없어보였다. 그는 주머니 속에 넣어두었던 리타의 손거울을 꺼내 테이블 한쪽에 아무렇게나 밀어두고, 거울을 쌌던 손수건을 소중히 접어 양복 안주머니에 꽂아 넣었다.

"가네코, 소중히 바느질해주신 보답을 어찌 갚을까요?"

가네코의 까만 눈동자가 허공에서 흔들렸다.

"저는 ……"

요시하라 그녀가 침침한 촛불 아래서 한 땀 한 땀 힘들어 이름의 수를 놓는 광경을 상상했다. 그녀가 쥔 바늘에 꿰인 실이 팽팽하게 당겨졌다가, 다시 면직의 올 사이로 사라졌다가, 다시, 팽팽하게 –

"제가, 할 수 있는 일을 하겠어요."

바늘 끝은 어둠속에 묻혀 보이지 않았다. 보이지 않았어야 했다.

강아지가 먹을 죽을 쑤어준다는 핑계로 가네코는 종종 퇴근 후에 사택에 들르기 시작했다. 하루종일 방안에서 강아지만 데리고 노는 리타는 그녀가 오는 날엔 무척 명랑해졌고, 원장은 찜찜해 하면서도 가네코의 방문을 막지 못했다. 두 살 위의 가네코를 언니라고 부르며 리타는 곧잘 따랐다. 한 번도 또래의 친구를 가져 보지 못한 리타는 그녀가 가르쳐주는 사소한 것들을 모조리 다 좋아했다. 정원에서 엇비슷한 크기의 조그만 돌을 다섯 개 주워다 한손으로 재주를 부리는 공기놀이도, 창가에 놓여있기만 했던 미제 인형들에게 이름을 붙이고 주부 노릇도 공주님 노릇도 해보는 놀이도 리타에겐 죄다 경이로운 일들이었다. 겨울이 가까워오자 정원의 꽃들은 다 노랗게 시들어버렸고, 방안에 갇힌 아가씨

둘이 할 수 있는 일은 자잔한 놀음 아니면 크고 작은 일들을 서로에게 수다 떠는 것이었다. 말주변이 별로 없는 가네코도 어릴 적 일들과 부산 시가지의 풍경을 그녀에게 될 수 있는 한 자세히 전해주었다.

"시계방들이 많아. 한집 건너 또 한집이 있는 곳도 있어."
"시계방이 뭐야?"
"시계를 파는 곳이야. 원장님이 차는 팔목시계 같은 거."
"그런 걸 가게에서 파는 거야?"
"응, 팔기도 하고, 고치기도 하고. 시계 고치는 기술을 익히면 평생 먹고 살 걱정 안해도 돼."
"먹고 살 걱정 안 해도 된다는 말이 무슨 뜻이야?"
"끼니를 거르지 않아도 된다는 말이지."
"부산에 오기 전에 자주 끼니를 걸렀어."

가네코는 화장대에서 머리빗을 찾아 리타의 머리카락을 빗겨주었다. 리타는 어리광을 부리듯 머리를 비비며 그녀의 무릎을 베고 누웠다. 제대로 먹지 않은 탓인지 머릿결이 다 거칠고 푸석했다.

"엄마가 맛있는 걸 많이 줘서 행복했어."

"베르타 여사님이?"
"응. 엄마는 리타에게 과자도 줬고, 빵도 구워 줬고, 못 먹고 앓아누워 있으면 스프도 만들어 줬어. 엄마한테는 좋은 냄새가 나. 설탕 냄새 같은 거. 밥 냄새 같은 거."

콧등을 가로질러 흐르기 시작한 리타의 눈물이 가네코의 무릎을 적셨다.

"이젠 누가 리타에게 과자를 주지?"
"과자가게 같은 건, 밖에 얼마든지 있어."
"언니가 사다 줄 거야? 아빠한테 말해서 돈을 달라고 할게."
"네가 과자를 사러 갈 수 있어."
"어떻게?"

가네코는 빗 대신 손가락으로 리타의 머리카락을 쓸었다. 가여운 계집애.

"아빠는 리타에게 거짓말을 했어."

그녀의 말이 채 끝나기도 전에 리타는 그녀의 무릎에서 벌떡 일어났다. 가네코는 그녀의 얼굴을 두 손으로 감싸고 이 집안에서 금지된 말을 속삭여주었다.

"그러니까, 리타도 아빠에게 거짓말을 해."

다음날부터 원장은 잔뜩 찌푸린 얼굴로 매일 의원에 나왔다. 일주일에 한 두번 출근하기가 고작이었던 양반이 며칠 연속으로 진료실을 지키는 건 몹시 드문 일이었다. 진료도 보지 않고 코리아 타임스나 뒤적이며 하루를 다 보내면서도 사택에 들어가기가 망설여지는 모양이었다. 그렇게나 동티가 날 일인지 계집애의 외출 한번을 허락하지 못하고 며칠 내내 안절부절 못하던 원장은 일주일 만에야 용돈을 쥐어주며 가네코에게 신신당부를 했다.

"눈에 띄면 안 되니 옷을, 그, 조선여인들이 쓰는 긴 옷을, 머리 위에 싸매고 데리고 나가도록 해. 자네가 꼭 같이 다니고, 사람들 눈에 띄지 않도록. 알겠지?"

장옷까지 새로 한 벌 지어다 눈만 내놓고 걷는 연습까지 시켰지만, 혼혈인을 순사가 잡아간다는 것이 거짓말이라는 것을 알아버린 천방지축 계집애에게 구식 습관은 먹다 버린 사탕 같은 것이었다. 가네코의 뒤를 따라 종종 걷기만 하던 리타는 일본인 시가지로 들어서며 이야기로만 들었던 상점들과 행인이 점차 많아지자

햐-하고 탄성을 연신 지르며 장옷을 벗어버렸다. 애초부터 어울리지 않았던 장옷의 긴 자락 아래 감춰뒀던 긴 서양 드레스와 펌프스가 시내로 들어서자 리타는 순식간에 이목을 끌었다. 서양인처럼 생긴 리타의 외모를 힐끗 거리는 사람들이 그녀에겐 보이지 않는 것 같았다. 세상에 처음 나온 어린 애는, 놀라움을 감추지 못하고 이 유리창에서 저 유리창으로, 이 거리에서 저 거리로 꺅꺅 소리 내 웃으며 뛰어다녔다. 부산 시내에 하나뿐인 미장원이 나타나자 리타는 제 머리도 가네코처럼 단발로 잘라달라고 떼를 쓰기 시작했다. 원장이 아무래도 역정을 낼 것 같아 머리를 자르는 건 아버지와 상의해보라고 몇 번이나 타일렀지만 울며불며 난리를 치는 데는 도리가 없었다. 처녀가 머리를 자른다는 것이 어떤 의미인지 리타는 아예 모르는 것 같았다. 가네코도 몇 달이다 망설이다 땋은 머리가 구식으로 보인다고 원장이 타박을 주고 나서야 울며 자른 머리카락을, 리타는 거추장스런 짐이라도 되는 듯이 한 번에 싹둑 잘라버렸다. 이제야 시원해졌다는 듯 머리를 흔들며 거울을 들여다보는 리타는 금방이라도 터질 듯한 생기가 싱싱하게 흘러넘쳤다.

"언니, 나, 예뻐."

예뻐? 라고 묻는 것이 아니라, 나, 예뻐, 라고 단정 짓는. 거울로 가네코를 쳐다보는 리타의 눈은 6년간이나 집안에 갇혀있던 불쌍한 공주님의 서글픈 눈이 아니었다. 이미 미장원 밖에는 백주대낮에 머리카락을 잘라버리는 서양 여자를 구경하기 위해 몰려든 사람들로 아우성이었다. 유리창에 코를 박는 얼굴들을 보며, 리타는 아하하하, 웃음을 터뜨렸다. 미장원 의자에 깊숙이 몸을 묻고 앉아 재미있다는 듯 턱을 괴고 유리창에 붙는 눈들을 훑어보며, 리타는 만족스러운 미소를 떠올렸다. 가네코는 순간, 오싹해졌다. 원장이 그토록 두려워하던 것이 무엇이었는지, 6년간이나 담장안의 꽃으로 남겨둔 이유가 무엇이었는지 알 것 같았다. 세상물정도 모르고 시계방이 무엇인지조차 모르고 제 나이도 모르던 열여섯 살짜리 계집애는 담장 안에서 공으로 나이를 먹은 것이 아니었다.

"리타는 말이야,"

보브 스타일의 단발을 상쾌하게 흔드는 고양이 눈의 리타.

"이제, 어디든 갈 수 있어."

유리창 앞을 가득 메운 인파를 뚫고 요시하라가 나타난 것은 바로 그때였다. 덜컥거리며 문을 밀고 서슴없이 미장원으로 들어온 그는 가네코를 쳐다보지도 않고, 마치 오래전부터 오래 알아왔던 연인처럼 리타에게 손을 내밀었다. 가네코가 파하하, 하고 터지는 리타의 웃음소리를 들은 것은 그때가 마지막이었다. 의자에서 팔짝 뛰어내린 그녀는 요시하라의 팔을 잡고 미장원을 나갔다. 그때 가네코는, 리타가 그저 어린 계집애가 아니라 원장을 치마폭에 싸안고 좌지우지한 요부였다는 것을 기억해냈다. 그녀는 목석처럼 굳어버려 움직일 수도 말할 수도 없었다. 달빛대신 눈부신 태양빛이 리타의 콧날 옆으로 쨍, 눈부시게 비쳤다. 문이 닫히기 직전 리타는 단 한번 돌아보았고 처음이자 마지막으로, 언니, 고마워, 라고 말했다. 두 갈래로 열린 군중 속으로 사라지는 두 남녀는 마치 처음부터 예정되어 있기라도 했던 것처럼 서로의 팔에 손을 얹고 걸어가고 있었다. 한참 후에야 정신을 수습한 가네코가 거리로 달려 나갔을 때 이미 두 사람은 사라지고 없었다. 꿈을 꾼 것처럼 아득했다.

가네코에게도, 얼빈에게도, 리타는 마치 존재하지 않는 사람처럼 사라졌다. 가네코는 얼빈 의원으로 두 번 다시 돌아가지 못했고, 첩이 도망간 후 얼빈이 술독에 빠져 지낸다는 소문이 다시 동광동 시내에 파다하게 돌았다.

…… 리타가 폐병으로 죽었다는 전보가 얼빈의 사택에 도착한 것은 그로부터 일 년이 채 지나지 않아서였다. 전보는 간략하게

그녀가 폐를 앓다 죽었으며 좌천동 증산 아래 공동묘지에 묻혔다는 소식만 전하고 있었다. 얼빈이 사람을 수명이나 써서 알아보았지만, 한 달도 전에 원산항에서 미국으로 가는 배를 탔다는 요시하라를 뒤쫓을 수는 없었다.

부산 서부 쪽 시가지

머리가 하얗게 세어버린 얼빈이 백구 한 마리만 데리고 증산 아랫자락의 흙무덤에 도착 했을 때, 묘지는 리타의 것인지 그가 알지 못했던 다른 사람의 것인지 알 수조차 없었다. 매장한지 얼마 안 된 무덤 옆에 꽂힌 표지엔 단 두 글자만 먹으로 적혀있었다.

理他.

그녀가 어떤 생활을 했고, 요시하라와 어떻게 살았고, 왜 그를 떠났는지에 대해, 물을 수도 없었고 대답을 들을 수도 없었다. 그녀는 이미 그곳에도 없었다.

리타, 리타, 리타 ……

얼빈은 빙글빙글 돌기 시작하는 사위를 이기지 못해 그녀의 묘 옆에 주저앉았다. 아득한 기억 속에서 그녀의 목소리가 들렸다.

―― 날 버릴거야?

얼빈은 흙속에 얼굴을 파묻고 흐느껴 울었다. 너는, 너는 날 버릴거냐?
그녀가 그를 버린 것인지, 처음부터 그가 그녀를 버린 것인지, 얼빈은 도무지 알 수 없었다. 백구가 흙으로 얼룩진 그의 얼굴을 핥았다. 개 한 마리의 목을 껴안고 백발의 서양인은 아무도 보지 못하는 공동묘지에 누워 몸부림치며 울었다. 리타! 리타! 그러나, 처음부터 존재하지 않았던 사람처럼, 담장안의 꽃은 이미 거기에 없었다.

밥이 된 책, 책이 된 밥

김수우(시인)

 방문을 여는 순간, 거의 찰나적으로 진수는 책꽂이 한 칸이 텅 빈 걸 감지했다. 방문과 마주보는 방향이 아니라, 여는 방향으로 왼쪽 모퉁이에 놓인 책꽂이여서 문을 열면서 보일 장소는 아니었다. 한데 이상하게 문을 열면서 동시적으로 마치 누가 부른 듯 눈이 그쪽을 향했던 것이다. 전등스위치도 올리기 전이었다. 제법 거리가 있는데도 골목 어귀 가로등 불빛이 기어들어 방안은 어슴프레했다. 급히 스위치를 올렸다. 오른발이 방문턱에 걸려 나동그라질 뻔했다.
 "헉!"

믿을 수가 없었다. 책들이 사라지다니. 여섯 칸 책장에서 가운데 두 칸이 깨끗하게 비어있었다. 마치 잭크의 콩나물 같은, 하늘 계단을 오르는 다리가 유난히 떨리던 까닭이 그래서였던가. 보이지 않는 어떤 출렁임을 예감한 듯 오늘 따라 자꾸 계단을 헛딛으며 후들거리던 오른발이었다. 여섯 평 남짓한 단칸방 모서리에 서 있는, 싸구려이긴 하지만 진수에겐 존재를 떠받치는 기둥 같은 책꽂이였다. 비키니옷장 하나와 플라스틱 서랍장, 컴퓨터가 놓인 책상 겸용 밥상 하나 빼면 가구라고는 그거 하나뿐이기도 했지만, 거기 제법 빽빽하니 꽂힌 책들은 진수가 밥값으로 모은 책들이기 때문이었다.

도둑이다! 집에 도둑이 들다니. 책을 훔쳐갔구나. 훔쳐갈 게 없으니. 한순간에 상황이 파악되면서 발밑이 푹 꺼지는 느낌이었다. 하긴 오래전부터 들추지 않고 그냥 꽂혀있기만 했던 책이다. 그래도 세로로 놓인 그 제목들을 매일 눈으로 지나치며 자신의 심장이 거기 보관되어 있기라도 한 듯 확인하지 않았던가. 그때마다 괜히 마음이 든든한 어떤 이유들을 발견하는 진수였다. 이미 자정이 가까웠으니, 책을 찾겠답시고 뛰쳐나갈 수도 없는 상황이었다.

산복도로 굽이의 위태한 자락에 겨우 움츠린 그의 방은 그나마 그가 절핍생활로 마련한 공간이었고, 그가 애써서 방을 장만하려고 끙끙거린 것은 잠자리도 잠자리였지만 책꽂이를 넣을만한 방이 필요해서였다. 궁색하기 짝이 없는 방이지만 큰 키로 서 있는

책꽂이와 칸칸이 꽂힌 책들은 진수의 일상을 제법 그럴듯하게 세워주고 있었다. 허기를 달래기에 충분했고, 총총한 한 더미의 제목들은 그를 존재하게 하는 이유처럼, 선언처럼 당당했다.

그런데 그 중 두 칸이 깨끗하게 비어버린 것이다. 몇 권일까. 오십 권은 안 될지 몰라도 족히 사십 권은 될 것이다. 쪽문을 밀면 이내 연탄부엌이고 그 옆으로 방문이 바짝 붙어있었다. 살림이라고 별 것 없지만 그래도 옷가지 등 그 안에 뭉쳐놓은 것들이 전재산이다 싶어 허름한 쪽문 잠그는 일에 나름 신경쓰는 편이다. 그런데 느닷없이 손을 탄 것이다. 자물쇠라고 흔히 있는 둥근 손잡이이니 손대기는 쉬웠을 것이다.

둘러보니 다른 것은 별로 손댄 흔적도 없다. 하도 빈한하니 벽에 걸린 옷가지 한번 흔들어보았을 터이고, 비키니 옷장 쟈크를 내렸다 올렸을 것이다. 아마 뒤적거리는 손이 무료했을 것이다. 가져갈만한 게 없어 민망했을 것이다. 그렇기로서니 하필 책이라니. 도둑 주제에. 화가 나면서 울고 싶어졌다. 밥과 바꾼 책들이었다. 골목 하나 사이에 있는 짜장면집 문을 밀고 싶은 걸 참으며 책방에 들어서길 멈칫거린 게 몇 번인가.

진수가 한때 사귀던 여자, 아니 아직도 사랑하고 있는 미숙이는 진수의 책꽂이를 참 좋아했다. 진수가 학력이 미천해도 책꽂이에 꽂힌 책들을 보고 그를 믿어줬다. 진수가 없는 방에 미숙은 오두마니 앉아 책을 읽으며 기다리곤 했던 것이다. 진수가 틈틈이 책 제목을 찾아 사는 것을 자랑스러워하지 않았던가. 가난한 방에 있는 몇 권의 책들을 아는 체하며 칭찬해주던 미숙이었다. 일 년 전에 훌쩍 떠나버린 여자지만. 그러고 보니 미숙이 떠난 뒤로 일 년이 가깝도록 책에 통 손을 대지 않고 있는 자신을 깨달았다.

의붓자식으로 자라다 결국 집에서 밀려나 열여덟 살부터 혼자 살아온 진수였다. 고등학교도 겨우 일 년만 다녔을 뿐, 제대로 공부를 못 마치고 알몸으로 여기저기 기웃거리며 손에 닿는 대로 일을 해서 하루하루 버텨냈다. 많이 표시나진 않지만 약간 절름거리는 오른발은 모든 일에 걸림돌이었다. 일자리를 찾아나설 때마다 그의 무릎 아래를 주시하는 주인들의 곤혹스러운 눈빛을 읽곤 했다. 그나마 십 년 넘도록 따라다니던 막일 끝에 용접기술을 배우고 나서야 거리를 헤매는 일이 줄어들었다. 그 외롭고 막막한 날들을 보수동 책방골목 헌 책방을 비집으며 보낸 진수였다. 그 세월이 20년이 가깝다.

그 책들은 고단한 시간 사이사이 진수가 한 권 한 권 사 모은 책이었다. 하도 들락거리다보니 책방 주인들은 아예 그를 식구처럼 여겨주기도 했지만, 그래도 염치가 생길 때마다 한 푼씩 마련해 갖고 싶은 책을 구입했던 것이다. 책 자체가 중요하기도 하지만, 그 책이 가지고 있는 그간의 세월과 추억이 특별했다. 『산유화』, 『님의 침묵』같은 오래된 시집도 있었고 『그리스 신화』, 『걸리버 여행기』같은 고전도 있었고, 『죄와 벌』, 『짜라투스트라는 이렇게 말했다』와 같이 어려운 책도 있었다. 한국단편선이나 세계명작선 시리즈도 제법 된다. 마음에 드는 책을 꽂아놓고 혼자

서 한참 빙그레 웃기도 했다. 책을 사면 배가 별로 고프지 않았다. 그런 행복으로 가장 외로운 시절을 버텅겨낸 셈이다.

지금은 나이가 들어 어느 정도 외로움이나 고단함에도 단련되었다. 때문인지 보수동 책방골목에 들른 지도 제법 시간이 지났다. 작년 여름이 끝날 무렵인가 한 번 미숙이와 다녀온 적이 있으니 한 해를 훌쩍 넘긴 셈이다. 일주일에 한두 번은 꼭 가던 골목이 언젠가부터 한 달에 한두 번 꼴로 그러다가 두어 달에 한 번씩, 최근에는 일 년에 두어 번 가는 골목으로 변했다.

진수는 그날 밤을 하얗게 보냈다. 그동안 자신이 어떻게 살아왔는지 꼴딱꼴딱 헤아리게 되었다. 책방골목을 매일같이 들락거리던 시절도 있지 않았던가. 헌 책장을 넘기던 시간들이 새록새록 피어났다. 기억이 솟을수록 가슴에 뚫린 구멍은 점점 커졌다. 최근에는 거의 뒤적거리던 일도 없던 책들이 자신에게 그렇게 큰 보물인 줄 새삼 깨달았다. 그냥 학력이 없는 자신이 그나마 학력 대신에 몸을 기댈만한 책들이다 싶어 기둥처럼 믿고 있었을 뿐이었던 것이다. 실지로 자신의 고독과 추억들 아니 그보다 더 근원적으로 생명의 섬세한 지층들을 형성하고 있는 책들이었다. 한때 얼마나 문학을 하고 싶어 했던가. 시를 읽으면 시인이 되고 싶었고, 소설을 읽으면 소설가가 되고 싶은 날들이 정말 많았다. 잠들지 못하고 천정에 그림을 그려본 상상의 밤들이 얼마나 무수한가. 그리자마자 이내 살아있는 듯 움직이며 말하기 시작하던 그 그림들. 아마 그 그림들이 형상화된다면 아마 천정은 수천 미터 높이나 깊이를 이룰 것이다. 시를 한동안 끄적이기도 했다. 아직도 뒤지면 어딘가에 시를 끄적여 놓은 공책이 나올 것이다.

 책을 도둑맞은 후 한 이틀은 분노로, 한 이틀은 포기로, 한 이틀은 적막감으로, 열흘이 넘도록 진수는 텅빈 날들을 보냈다. 마음에서 텅텅거리는 소리가 나는 것 같았다. 그 책들은 마치 체온과 호흡을 가진 동물이었던 걸까. 그 숨소리가 들리지 않으니 그 작은 방안은 횅뎅한 황야처럼 여겨졌다. 전쟁통에 연인의 손을 놓쳐버린 듯 다른 일들이 손에 잘 잡히지 않았다. 일을 하긴 해도 재미가 없었다. 대신 자신을 돌아보는 멍한 시간이 많아졌다. 용접공으로 살면서부터는 영 짬이 나지 않던 일상이었다. 일거리를 따라 먼 지방까지 가는 일도 종종 있었다. 좀 시간이 난다 싶어도 새로 배운 컴퓨터 앞에 쭈그리고 앉기도 바빴다. 친구들도 제법 생겨 함께 술집에 옹송거리고 앉는 시간도 제법 많았다. 책을 손에 들기도 했으나, 옛날 같으면 며칠이면 되던 한 권 책이 몇 달씩 손안에서 굴러다녔다. 도대체 자신이 책과 얼마나 먼 삶을 살고 있었단 말인가. 별 수 없는, 무미한 일상에 자신을 소비하고 있는 무력한 자신의 현재가 비로소 보였다. 꿈을 잃어버린 것이었다. 옛날엔 몸과 마음이 몇 배 고단했어도 늘 꿈꾸지 않았던가. 그 꿈들이 다 어디로 갔단 말인가.

휴일이 돌아왔다. 그동안엔 한 달에 두 번 얻는 휴일을 친구들과 산을 가거나 전날의 술 때문에 지쳐 잠으로 때우기가 일쑤였던 진수였다. 진수는 옷을 잘 챙겨 입었다. 보수동 책방골목으로 산책나갈 참이었다. 걸어서 삼십 분이면 충분한 길이 아주 오랜만에, 앨범 속 가족사진처럼 친밀한 표정으로 다가왔다. 초겨울 햇살이 도심의 낡은 것들을 반짝반짝 비추고 있었다.

보수동 책방골목은 제법 말끔해져 있었다. 이십 년 전의 어린 그가 암담한 뒷골로 기웃거리던 때와 비교하면 훨씬 세련되어졌다고 할까. 예쁘장한 까페들도 들어서고 책방들로 나름대로 제 단장을 해 행복한 느낌을 담고 있었다. 작년에 잠시 들렀을 때에 미처 발견하지 못한 분위기였다. 아마 그땐 미숙이에게만 신경쓰고 있었을 터이다. 그러나 골목 좌우로 크고 작은 책방들이 어깨를 다투는 것이라든지, 좁은 공간에 쌓여 천장까지 올라가 있는 책풍경은 옛날이나 지금이나 여전했다. 책냄새도 여전했다. 묵은 인쇄지 냄새가 코에 닿는 순간 차분히 가라앉는 마음을 진수는 의식했다.

두 세 사람이 겨우 지날 통로만 허용하고 켜켜이 쌓인 책들 사이로 사다리를 타고 꺼내오던 책들은 어린 진수의 눈에 얼마나 경이롭게 반짝였던가. 아직도 그 경이로움이 진수의 등을 타고 내렸다. 한국전쟁이 일어나 임시수도가 되었을 때 이북에서 피난 온 사람들이 시작했다고 하니, 벌써 60년인 셈이다. 골목 안 목조 건물 처마 밑에서 박스를 깔고 미군부대에서 나온 헌 잡지, 만화, 고물상으로부터 수집한 각종 헌책 등으로 연 노점 형태가 자리를 잡으면서 이룬 골목의 굽이가 그때 그대로다. 다른 지역에선 그런 헌책골목이 다 사라졌다고 하는데, 남아있는 게 신통하다. 오랜만에 들른 책방골목 냄새가 금세 마음을 가라앉히는 까닭도 당연한 건지 모르겠다.

아직도 주인들이 그대로 남아있는 집도 몇 집 있었고, 주인이 바뀌고 아주 현대화된 책방들도 발견되었다. 이상하게 이곳에만 오면 햇살도 그늘도 특별한 의미를 입는다. 마구 쌓인 헌책들 때문인지도 모르겠다. 헌 책 먼지들 속에 닿는 햇살은 그냥 거리의 햇살과는 다르다. 마치 헌책의 존재를 알리려는 하나의 메신저처럼 보인다. 사실 존재를 존재하게 하는 게 햇살의 진정한 힘이며 또 늘 새로운 햇살일 수 있는 게 아닐까.

"어이구, 오랜만이구먼. 통 안 뵈더니…… 그래, 뭣하고 살어?"

반가워하는 목소리가 진수의 생각을 깨웠다. 늘 그 자리를 지키고 있는 박씨 아저씨 가게 앞이었다. 책방 골목 입구에 들어서면서부터 냄새와 햇살에 몰입하는 동안 벌써 몇 개 점포를 지나친 모양이다. 박씨는 진수가 열여섯 살, 골목을 들락거릴 때부터 아는 얼굴이다. 책 보고 있노라면 가끔 풀빵도 나눠주고, 물잔도 갖다주던 사람이다.

"용접기술 배웠지요. 먹고 살만해요."

아마 허름한 고객들 상대로 몇 십 년이다 보니, 살만하다고 하는데도 한눈에 진수의 궁색이 눈에 띄었던가. 박씨 얼굴에 짠한 기색이 보인다. 아니면 어릴 때 진수를 기억해냈던가. 아마 그의 기억에 진수는 책을 잘 사지 않는, 살 능력이 없는 그러나 책을 너무 좋아하는 가여운 청소년으로 남아있을 법하다. 영 해쓱해보이는 박씨의 얼굴을 마주보며 그제서야 작년에 그가 어딘가 아프다는 소릴 들었던 기억이 났다. 그때 그 며느리가 대신 가게를 보고 있었던 것이다.

"몸은 어떠세요. 아프시다는 말을 들었는데."

"그냥그냥 끌고 댕기는 거지뭐. 늙으면 아픈 게 당연하지. 하나씩 고장나면 하나씩 고쳐가매 살아야지. 결혼은 했남? 자네가 올해 몇이던가?"

"해야지요……. 요즘에도 좋은 책 많나요?"

"좋은 책이야 많지. 좋은 사람이 없는 거지. 책도 인연이라 사람을 만나야 하는 건데……. 시대가 어디 책 보는 시대던가. 그래도 찾는 사람은 찾지? 자기가 찾는 책 목록 두고 간 사람도 몇 있어. 그래도 많이 어렵지 뭐. 책 찾으러 왔는가."

"그냥요. 그냥 둘러보려구요. 어릴 땐 살다시피 했었는데……. 그땐 아저씨도 많이 귀찮게 했지요."

"그때야 어디 자네뿐이었나. 다 그랬지. 모서리모서리 끼여 앉아 뒤적거리며 하루종일이던 사람이 한둘이었나. 그래도 그때가 그리워. 입에 풀칠하기 어려우면서도 책을 찾아다니던 시절 아니었나. 요즘은 그런 사람이 없어."

"아저씨가 이 골목 역사네요. 그땐 아저씨가 굉장히 늙으신 줄 알았는데, 여전해 보이시는 걸 보믄 시간이란 뭔가, 싶어요."

"나만 있남. 아직 옛날 주인들 두엇 있어. 평생 헌 책 뒤적이다 보낸 셈이지뭐. 자식들에게 물려준 이도 있구. 그래도 지구가 도는 동안에는 이곳이 남아있어야 하지 않겠나. 이도저도 다 인연인 걸."

헌책방 골목에서 진수는 동화책을 보았고 만화책도 다 보았다. 소설도 뒤적거렸고 시집도 읽었다. 고대 철학자의 이름도 들은 풍월이 되었다. 제목만 봐도 호기심이 싹트던 그 반짝임이 곧 살아있음이 아니던가. 오래된 고서적, 희귀서적 부터 참고서, 아동도서, 전집류, 소설류, 종교서적, 대학교재, 참고서, 만화책 등 이루 다 헤아릴 수 없다. 이곳에 오면 어떤 책이라도 살 수 있다. 여행자가 보기에는 책방이 다소 복잡하고 어수선한데도 주인은 제목만 이야기하면 귀신 같이 책을 척척 찾아낸다. 아저씨의 이야기를 주워담으며 진수는 책더미 속으로 들어갔다. 헌 책들이지만 먼지가 쌓여있지 않은 걸 보면 아저씨가 한 권 한 권 열심히 돌보고 있음이 분명하다. 천천히 눈으로 책모서리를 훑어가며 발자국을 떼던 진수는 책 더미 초입에서 가슴이 쿵 내려앉았다.

『그리스신화』, 책더미 입구 중간쯤 갈색표지가 분명 진수의 책이었다. 급히 뽑아들었다. 겉장을 여니 안에 써놓은 진수의 이름이 어색하게 불려나온듯 꾸부정한 표정으로 나타났다.

"어, 이거 제 책인데."

"뭐가… 아 그거, 지난 주에 어떤 여자애가 와서 팔고 갔어. 요즘엔 그런 책 잘 구입 안하는데, 배가 고프다고 해서 김밥값이나 줬지뭐."

"다른 책은요?"

"소월시집이 한 권 더 있었던 거 같은데…… 더 안으로 들어가 시집 쪽을 뒤져봐. 걔가 두 권 갖고 왔던 거 같아."

있었다. 진수가 가장 아끼는 시집이었다. 『산유화』, 제법 오래되어 노오랗게 빛이 바랜 겉표지가 닳아있는 게 진수 게 틀림없었다. 황당했다. 그 책도 책방골목에서 구입한 책이다. 더 멀리 가지도 못하고 제자리에 돌아가 있는 모습이 신기할 정도였다. 진수가 밥을 팔아 책을 산 게 다시 밥으로 바뀐 셈이다. 진수의 자초지종을 듣던 박씨는 빙그레 웃었다.

"요즘에도 그런 사람이 있나. 전쟁 직후에는 매일 있던 일이지.

잃어버린 책을 찾아 이 골목을 뒤지는 사람들도 많았다니까. 책이 귀했고, 책이 밥보다 간절하던 시절이었지. 그래서 밥이 될만했지. 그땐 좋았어. 뭐라 할까. 이 장사로 애새끼들 먹여살렸으니까. 요즘엔 통 책이 밥이 되지 않는데. 도서관에서도 책을 폐기하고, 우리 골목에서도 책을 폐지로 넘기는 일이 많은데…… 하기야 어느 시절이고 배고픈 사람이 없겠는가. 그럼 이 책은 도로 자네에게로 가야겠군 그래."

괜찮다고 마다하는 주인에게 진수는 굳이 5천원을 건네고, 두 권을 안고 나왔다. 잃어버린 게 사십 권쯤이니, 이 근처에 더 있을 것이다.

그날 이 집 저 집 뒤져 진수는 11권을 찾아냈다. 나머지는 눈에 띄지 않았다. 아마도 학생인지 뭔지 하는 그 여자애가 갖고 있거나 딴 데 버렸든지 했을 거다. 뒤지면서 진수가 느낀 건 일상에 묻혀버렸던 씨앗들이었다. 발아를 잊어버린 씨앗들. 그것은 잊혀버린 슬픔처럼 아무 빛깔이 없었다. 하지만 그 슬픔과 배고픔은 존재를 다져가는 자신만의 지층이 아니었던가.

헌책 사이를 뒤지다보니, 책이 식물이 아니라 숨쉬며 웅그리고 앉아 눈을 빛내는, 기다림에 익숙한 동물처럼 다가왔다. 재미있는 건 저자들의 서명이 담긴 책, 선물한 자의 이름이 담긴 책들도 제법 많다는 것이었다. 특별한 의미였겠지만 이젠 바랜 페이지에서 잊혀진 의미가 되어버린 시간들이 그래도 살아있는 곳이었다. 모서리마다 긴 기다림이 기린처럼 자라고 있었다.

초겨울의 해는 돼지꼬리처럼 짧았다. 몇 군데 들렀을 뿐인데 이미 그림자가 늘어날대로 늘어나고 한쪽 모서리에선 불빛이 들어오고 있었다. 골목 안의 만두집과 튀김집은 아직 그대로였고 골목을 벗어난 입구 쪽의 짜장면집도 그래로다. 문득 어린 시절의 허기가 돌았다. 그러고보니 모든 책은 허기였다. 책은 밥이었다. 진수의 손에 들린 검은 봉지 속에는 밥이 된 책, 책이 된 밥이 모두 담긴 셈이다. 그러니까 인생은 결국 돌고 돌아 제자리에 닿는, 다시 돌고 도는 무수한 제자리를 갖는 헌책 한 권과 같은 셈이다. 어느 새 사치가 되어버린 자신의 사소한 인생도 그러고 보면 제자리를 잘 찾아가는 중인지 모른다.

꿈을 꾸자. 그저 하루하루 입안에 밥만 밀어넣으면 다인 그런

날은 생명이 아니다. 그건 지렁이도 하는 본능일 뿐이다. 진수의 행로는 다시 정해지고 있었다. 보수동 책방골목을 부지런히 오가면 아마 나머지 책들도 한 권씩 한 권씩 찾게 될 것이다. 다시 꿈을 꾸자. 어떻게 그렇게 까맣게 잊고 있었을까. 마흔이 넘은 자신의 초라한 몰골 속에 한때 시인이고 싶었던 영혼이 들어있다고 생각하자, 눈물이 핑 돌면서 콧등이 매워졌다. 옛날 공책을 찾아야겠다. 헌책을 다시 뒤지고 그 켜켜이 쌓인 오래된 정신들을 뒤져야겠다. 오래 감춰둔 하얀 날개가 있었던지 겨드랑이 아래가 꿈틀거리는 느낌이었다. 우선 뭔가를 먹자.

문짝은 알루미늄으로 바뀐, 그러나 주인은 그대로인 짜장면집 문을 열면서 진수는 미숙을 생각했다. 그를 떠난 그녀도 아마 돌아오는 중인지 모른다.

참 따뜻한 곳, 서동고갯길

김해경(시인)

 가을이 깊어지나 봅니다. 거리의 가로수 하루가 다르게 붉거나 노랗거나 아님 제 살을 떨구어 세상을 풍성하게 만들어가고 있으니 말입니다. 오늘은 유난히 구름 한 점 없는 하늘과 낮달이 오랫동안 가난한 마을 서동에 머물러 있습니다. 참 반가운 일입니다. 이런 날은 하릴없이 뒷짐 지고 마을을 어슬렁거려 봅니다. 아름다운 풍경들이 골목마다 신작로마다 그득하네요.
 먼저 서동고갯길 기분 좋은 슈퍼 지나 열린 안경점 모퉁이, 쪽파나 풋고추 따위를 파는 할머니가 오늘도 변함없이 달팽이처럼 오그리고 앉아 햇살을 모으고 있네요. 참 따뜻합니다. 할머니 오

 십 여 년 전 영주동에서 집 철거되어 이곳으로 이주되어 줄 곧 여기서만 사셨답니다. 터주할머니에게서 쪽파 천원어치 사들고 돌아서는 발걸음이 행복해 집니다.

 할머니와 헤어져 몇 발자국만 움직이면 골목 안 좁은 계단 위에 종점 전.당.포가 보입니다. 그 옛날 우리의 부모들이 어렵고 힘든 가운데 돈이 필요 할 때면 눈물을 머금고 소중한 물건을 들고 가서 돈으로 바꾸어 썼던 서민의 애환이 깃든 장소가 아니었을까요. 그 시절 가슴 에이게 서러운 사연들이 아직도 전당포 안 금고 속 차곡차곡 쌓여있겠죠. 지금껏 찾아가지 못한 18금 결혼반지나 오래전 멈추어 버린 세이코 손목시계가 주인을 기다리고 있을 거라 생각하니 왠지 전당포 안을 꼭 한번 보고 싶습니다. 나도 잠시 그러한 물건이 되어 지루한 기다림을 누려보고 싶습니다.

 그러한 상상을 잠시 하며 골목길을 오르니 오른쪽으로 돼지 한 마리 떡하니 버티고 서서 고래고래 고함지릅니다. 오늘 잡은 돼지로 저녁에 삼겹살 구워 소주 한잔 하면 분명히 대박 맞을 거라고 대박식육점 주인 남자 밖에까지 나와서 뻥치고 있습니다. 잠깐이지만 속아줄 마음이 생길 뻔합니다. 괜히 속이 든든해집니다.

 실실 혼자 웃음을 뒤로 하고 몇 걸음 오르니, 서동고개마을에서 빼 놓으면 절대로 안 되는 명물이 있습니다. 말하자면, 자라나는 청소년들의 대모이자 모든 주민들의 이모인 금화분식 여 사장님. 이 분의 손을 거치면 모든 음식재료들이 최고로 바삭거리는 튀김이 되든지 아이들 말대로 뿅 가는 떡볶이가 되든지 희한한 맛의 계란만두가 되든지, 하여튼 배고픈 자들의 양식을 아낌없이 조달해주는 천사입니다. 먹어도 먹어도 배가 고픈 우리의 중,고등학생들이 하굣길 이곳에서 주린 배를 채우고 이모의 하염없는 사랑을 받으며 무럭무럭 잘 자라고 있음을 학부모님들은 아실런지요. 그 풍경 속에 끼이고 싶어 순대 이천원 어치 삽니다. 순대에서 피어오르는 김이 꼭 아지랑이 같습니다.

골목길을 오르는 내내 합천 통닭집 기름 냄새, 제일 참기름 깨 볶는 냄새가 섞여 머리가 아플 만도 한데 이 골목 사람들 만성이 되어서 인지 아무 냄새도 안 난다고 하네요. 무어라 설명하기 어려운 향기가 코끝을 스칩니다.

골목 중간쯤 오니 오늘도 반장아주머니네 옷 수선 가게에는 진주쌀집 아주머니랑 몇몇 분이 동네 돌아가는 이야기에 여념이 없습니다. 눈인사만 하고 지나치는데 무슨 얘기들을 나누는지 궁금해서 뒤 꼭지가 가렵습니다.

한참을 어슬렁거리다 보니 중간도로로 진입을 하였네요. 중간도로라 해 보았자 겨우 승용차 한 대 지날 수 있는 신작로 정도인데 이 길엔 하루 종일 사람이 끊이지 않고 지나다닌답니다. 그럴 수밖에 없는 것이 일명 신작로 사거리라고나 할까요. 좁은 골목과 골목길, 또 조금 넓은 신작로와 신작로를 이어주고 하루 내내 확성기를 머리에 얹은 생선차와 채소차, 계란차등에서 울려나오는 소리들로 사람이 모이고 그래서 생기가 넘치고, 또 그래서 일상의 필름이 어느 곳 보다 빠르게 돌아가는 곳입니다. 이곳에 하

나의 풍경을 더 보태자면 이십년 가까이 이 골목에 어린아이들의 맑은 웃음소리가 떠나지 않게 하는 추억의 장소 문방구가 있습니다. 그런데 어느 날, 우리의 기억 속 언제까지나 낡고 허름해서 만만하기만 할 것 같던 그곳이 글쎄 이름표를 바꿔 달았네요. 요즘 그 흔한 팬시점과 문구점을 더한 '우등생문구팬시'점으로 말입니다. 너무나 생뚱맞은 이름표에 쿡, 하고 웃음이 나오는데 마음 한 구석이 짠 한 것은 왜 일까요? 그래서 나는 앞으로 계속 혼자만의 이름으로 부를 작정입니다. 누가 뭐라 해도 우등생 문방구로

말입니다.

　예나 지금이나 아이들은 다 똑같은지 어수선한 '우등생문방구' 앞 귀퉁이 앉은뱅이 게임기 앞에는 개구쟁이 몇이 붙어 앉아 게임에 열중이고 백 원짜리 뽑기 통 앞에도 꼬맹이들이 동전을 넣고 돌리느라 정신이 없네요. 뽑혀 나온 장난감이 맘에 안 드는지 한 녀석이 '에잇'하고 던져버리니 다른 녀석이 얼른 줍습니다. 절로 웃음이 나옵니다.

　가을 볕 아래 웃고 서 있는 나를 본 '방구여사' 커피 한 잔 하고 가라고 부릅니다. 마침 커피 생각 간절하던 차에 얼씨구나, 덥썩 문방구에 들어가니 열 평이 채 안 되는 가게 안이 물건들로 빼곡합니다. 입구에는 일명 불량과자라 불리는, 어린 시절 내가 너무 좋아했던 쫀디기, 라멘땅, 십리사탕 등이 오밀조밀 놓여있고 여자아이들이 좋아 하는 예쁜 머리핀이나 실내화 천자문 복사기 팩스기 노트 연필 등등 그러고 보니 '도대체 가게 안 물건 가짓수가 얼마나 될까요?' 물으니 방구여사도 모른답니다. 그럼 손님이 와서 무슨 물건 달라고 하면 금방 찾을 수 있느냐 물으니 당연한 것 아니냐고 되레 이상하게 생각합니다. 이십년 동안 자기 손길과 눈길이 끊임없이 머물던 물건들인데 어찌 모르겠냐고, 이 가게 시작할 때 초등학교 이학년이던 아들이 지금은 스물여덟이란 나이로 곧 장가를 갈지도 모른다고 뿌듯해 하는 모습이 참 곱습니다. 커피를 마시며 가게 안을 찬찬히 둘러보니 높은 선반 위에는 오래전 들여 놓았을 물건들이 세월의 더께를 쓴 채 놓여 있고 아래쪽에는 요즘 신세대들이 많이 찾을 법한 팬시용품들이 간간이 보이는 것이 세월의 흐름에는 거스를 장사가 없나 봅니다. 방구 여사 말로는 예전만치 아이들도 많지 않고 또 학용품도 그리 많이 찾지 않아 장사는 잘 되지 않지만 그래도 사람구경 실컷 하고 또 오래하던 일이라 쉽게 손을 놓지 못한다고 하네요. 잠시 이야기 하는 동안에도 여러 사람들이 드나듭니다. 차 마시러 왔다 가는 세탁소 새댁, 괜시리 지나다 들리는 술 취한 아저씨, 동전 바꾸러 오는 꼬마, 복사 하러 온 학생 등, 문턱이 쉴 틈이 없습니다. 우등생 방구여사는 이렇게 너무 바쁘니 이십년이 흘러도 늙지 않는가 봅니다. 사람 좋은 방구여사가 사는 서동고개는 오늘도 웃음꽃 만발입니다.

어느새 밖에 가을 햇살이 뉘엿합니다. 낮달도 숨어 버렸구요. 올망졸망하던 아이들의 발걸음도 집으로 향했는지 신작로가 시큰둥합니다. 터벅터벅 집으로 가는 길, 골목 입구 구수하고도 포근한 붕어빵 아저씨의 빵틀 뒤집는 소리에 잠시 귀를 기울여 봅니다. 그 사이 내 손에는 붕어 한 마리가 머리부터 사라지고 아저씨는 종이봉투에 붕어를 낚느라 바쁩니다.

바람 거칠면 허리 꺾어 울고 눈 비 휘몰아치면 더욱 힘을 실어

올라야 하는 서동고갯길에 오늘도 사람이 삽니다. 향기 나는 사람들이 그득하게 살고 있습니다.

열을 세고 나면
―광복동 음악다방 無我

나여경(소설가)

프롤로그

"어머나 세상에!"

화라락 지고 있는 저 은행잎들 좀 보세요. 꼭 노란 나비들 같네요. 제 입에서 자꾸 "우와!" 하는 탄성이 흘러나와요. 당신이 곁에 있었다면 또 제 머리를 콩 쥐어박고 껄껄 웃었을 테지요. 허공에서 노닥이던 노란 잎들이 따북따북 내려앉은 길을 따라 당신을 만나러 갑니다. 수많은 하트 모양의 노란 잎들이 펼쳐진 예쁜 이 길을 따라 걷다보면 꿈처럼 당신이 거기 서 있겠지요. 그 너털웃음 소리가 들리는 듯해요. 이제 곧 당신을 만나러 갑니다.

아, 갑자기 미끄러지듯 달려오는 자동차를 본 순간 제 몸이 어디론가 붕 떠가는 느낌이 들었는데 이내 눈앞이 깜깜해지네요. 사람들의 웅성거리는 소리, 바쁘게 뛰는 발걸음 소리, 여기저기서 울리는 핸드폰 소리. 확성기 수백 개가 입을 벌린 채 제 귓가에 대고 고함을 지르는 것 같아요. 무슨 일이 일어난 걸까요. 눈조차 뜨기 힘드네요. 다 뜨지 못 한 제 눈 속에 늦가을 파란 하늘이 담뿍 내려앉아요. 이렇게 하늘을 마주보고 누워 있으니 참 좋기는 하지만 한 블록 지나 몇 걸음만 더 가면 당신을 볼 텐데…. 저는 왜 손가락 하나 까딱할 수 없는 걸까요.

무성했던 잎을 잃어버리고 빈털터리가 된 커다란 나무가 저를 내려다보고 있어요. 마치 인사를 건네듯 제 몸에 붙은 몇 개 없는 잎사귀 중 하나를 툭 떨어뜨리네요. 마른 나뭇잎 하나가 허공에 느릿느릿한 몸짓으로 아쉬운 사연을 남기고 제 몸 위로 내려앉아요.

    한여름 태양 볕을 호로록 삼키고 푸른빛으로 얼굴이 말개진 잎처럼 저도 한때는 당신의 싱그러운 사람이었지요. 영원히 그 시절 그 모습으로 당신에게 남겠구나 생각 하니 서러운 마음이 조금은 가라앉는 것도 같아요. 그래도… 당신이 보고 싶었다고… 예전처럼 당신 호주머니에 손을 집어넣고 우리의 젊음을 저당 잡히고도 한없이 행복했던 그 거리를 걷고 싶었다고….

    말하고 싶었어요. 멀리 사이렌 소리가 희미하게 들려요. 이렇게 저는 가는가 봅니다. 우리가 함께 했던 그 시절을… 당신에 대한 기억을… 한 가닥이라도 붙잡고 싶은데 머릿속이 자꾸 하얗게 비워져 가네요. 눈 속에 들어온 파란 하늘도 옷 벗은 커다란 나무도 아득하게 멀어져가요.

눈과 입이 함께 웃던 온화한 당신 얼굴과 이름이 더 아득하고 까마득하게 기억 속에서 멀어지기 전에 저… 눈을 감아요. 내내 그리웠던 당신… 또 이렇게 인사를 전해야 되나 봅니다.

안녕….

안녕. 그녀가 내게 남기고 간 말이다. 그녀를 만나면 나도 안녕, 이라고 인사말을 건네 볼까 생각하다 피식 웃음을 흘리고 만다. 시계를 들여다보던 나는 멀리 시선을 돌려 이쪽으로 걸어오는 사람들 속에서 부지런히 그녀를 찾는다. 30년 세월을 훌쩍 뛰어넘은 그녀가 또각또각 내게로 걸어오고 있다. 얼굴에 환한 웃음을 짓고서.

그녀를 처음 봤던 그 순간을 나는 지금도 잊을 수가 없다. 그때 나는 대학을 막 입학한 신입생이었다. 새로운 대학 생활에 적응하느라 정신없이 지냈는데 그녀를 본 순간 얼음물을 뒤집어 쓴 것처럼 정신이 말짱해졌다. 수업을 마친 여러 무리의 학생들 속에서 아이보리색 남방에 맑은 바다 빛 치마를 받쳐 입은 그녀가 내 눈에 담빡 들어왔다. 곁의 친구를 향해 얼굴 가득 웃음 짓던 그녀의 모습은 머릿속에서 쉽게 떠나지 않았다. 말 붙일 구실을 찾기 위해 나름대로 애를 썼지만 끝내 눈길 한 번 마주치지 못한 채 두 달을 흘려보냈다.

생각지도 못한 곳에서 그녀를 다시 만난 건 선배인 성찬 형을 따라 광복동 음악다방 무아를 처음 찾던 날이었다. 그날 4층 꼭대기에 위치하고 있던 무아를 가기 위해 계단을 오르는데 이상하게 가슴이 쿵쾅거렸다.

객석은 어두웠다. 그와는 반대로 무아의 음악실은 밝은 조명 아래 노출되어 있었는데 디제이와 객석의 손님 사이에 대화가 오가고 있었다. 무선마이크만 오갈 뿐 이야기를 하는 객석의 손님 얼굴은 쉽게 분간이 되지 않았다. 어둠 속을 더듬거리던 성찬 형이 자리를 잡아 나를 불러 앉혔다.

"가가 가가? 이기 뭔 말인지 아는교?" 뭇 여성들을 잠 못 들게 하는 서울에서 잘 나간다는 디제이가 (우리에겐 촌놈으로 통했지만) 이때만큼은 된통 당하고 있는 듯했다. 음악실에서 "끄응" 하는 신음이 터진 것과 동시에 객석에서는 박장대소를 했다. "부산 오뎅이 서울 오뎅과 무신 차인교?" 대답을 듣기도 전에 이어지는 질문. "부산 가시나들은 체감온도가 몇 도나 되던교?" 웃음의 도가니에 빠진 객석과 달리 음악실의 서울 디제이는 얼굴을 붉힌 채 땀을 삐질삐질 흘리고 있었다. 마이크 패트롤이란 이 프로그램을 손님들이 가장 좋아한다고 성찬 형이 귓속말로 속삭였다. 기름 바른 철판에 흐르는 구슬처럼 말을 잘하던 디제이의 당황하는 모습을 즐기며 남자들은 시원해하고 여자들은 또 다른 모습에 열광했다. 한동안 정신을 못 차리고 어리둥절해 있던 나는 어둠에 눈이 익숙해지자 주위를 둘러봤다. 그 순간 정말 기적 같은 일이 벌어졌다. 그녀가 내 옆에 앉아있는 것이었다. 그녀와 눈이 마주친 내 가슴에서 둥둥둥둥 쉬지 않고 북소리가 울렸다.

멀리서 사이렌 소리가 희미하게 들리는 것 같다. 또 무슨 사고가 생긴 모양이다. 그녀를 만날 생각에 함빡 젖어있던 나는 하릴없이 또 시계를 들여다본다. 그녀와 만나기로 한 시간에서 20분이 지나있다. 나는 잦아든 사이렌 소리를 무심히 흘리며 사고로 인해 차가 밀리나 보다 하고 생각한다.

그녀는 항상 지각생이었다. 가벼운 낙엽으로 제기차기, 넓은 상가 벽면에 상상의 풍경 그리기, 빨간색 옷 입은 사람 오십 명 찾기 등은 그녀를 기다리며 익힌 혼자 놀기 방법이다. 그러다 문득 '이제 열까지 세고 나면 그녀가 올 거야' 생각하며 숫자를 세고 나면 신기하게도 그녀가 내 앞에 웃으며 짠하고 나타나는 것이었다. 그러고는 "어머, 저 구름 좀 봐 어쩜 저리 예쁠까" 또는 "낙엽 깔린 길이 양탄자보다 더 곱네" 하며 감탄사를 연발했다. 나는 기다리던 지루함을 그녀 머리를 '콩' 하고 쥐어박는 것으로 대신 하곤 했다. 오늘도 그녀는 지각을 할 모양이다.

마주 오는 사람들에게 시선을 돌리던 내 앞을 짧은 반바지 차림의 여자와 그녀의 어깨를 감싸 안은 남자가 지나간다. 여자는 남자의 허리를 휘감아 안고 있다. 잠시 가던 길을 멈춘 그들이 긴 입맞춤을 한다. 대담한 행동에 사람들의 시선이 쏠린다. 환한 대낮, 거리에서 타인의 시선을 의식하지 않는 그들 위로 우리들 젊은 날이 겹친다. 왜 저들처럼 사랑하지 못 했을까. 우리도 사랑에 좀 더 과감하고 적극적이었다면 지금과는 다른 삶을 엮을 수 있었을까? 알싸한 바람이 옷깃을 여미게 한다.

음악다방 무아는 그 뒤 내 단골이 되었다. 그 당시 광복동 구두 골목을 따라 필하모니, 돌체, 회색노트 등 많은 음악다방이 있었지만 내 발길은 항상 그녀를 만났던 무아로 향했다. 그런 내 성향은 성찬 형에게 놀림감이 되기 일쑤였다. 결국 내 속병을 알고 난 성찬 형이 자기가 나서서 해결해 주겠다고 호언장담을 했다. 나는 피식 웃었지만 털털하고 과감한 형의 성격이 부러웠다. 그렇게 세월만 죽이던 내게 그녀에게 말을 붙여야 할 피치 못할 상황이 생겼다. 다름 아닌 고교동문 파티에 동석할 파트너가 필요했던 것이다.

무아에서 그녀가 나타나기를 기다리던 3일 째.

비몽사몽간에 클래식 음악을 듣고 있던 나는 무아의 문이 열릴 때마다 어렴풋이 눈을 뜨곤 했는데 어느 순간 해바라기로 변한 그녀를 봤다. 약간 고개 숙인 노란 꽃 하나가 또각또각 걸어 내 쪽으로 오고 있었다. 해바라기가 그렇게 예쁜 꽃인 줄 그때 처음 알았다. 나는 자리에서 일어나 꽃잎에 손을 뻗쳤다. 그 순간 "어맛, 이게 무슨 짓이에요!" 하는 비명이 들렸고 나는 잠이 확 깼다. 내 앞에 커다란 해바라기 무늬 원피스를 입은 그녀가 '별 미친놈 다 있네' 하는 표정으로 나를 노려보고 있었다. "아… 그게 아니고 저…" 우물쭈물 손바닥만 비비적거리고 서 있는 내 앞에 바람처럼 나타난 성찬 형이 급히 연탄재 차듯 나를 뒷발질로 밀어낸 후 그녀에게 뭐라고 열심히 설명을 했다. 그녀를 내 옆자리에 앉힌 성찬 형이 한 쪽 눈을 찡긋 감으며 살짝 브이 표시를 손가락으로 만들어보였다. 내 곁에 앉은 그녀를 쳐다보다 눈이 마주쳤는데 그녀가 피식 웃었다. 그렇게 천년 같은 세월이 흐르고 우리는 음악 감상에 빠져들었다. 그때 모두들 음악 감상을 하고 있었는지 모르겠지만 나는 그녀에게서 풍겨 나오는 야릇한 향기와 가까이 앉아 있다는 행복감에 젖어 속으로 해롱거리고 있었다.

알비노니의 아다지오가 거의 끝나갈 무렵 어느 구석에선가 웅성웅성하는 소리가 들리더니 곧 이어 쥐다, 하는 고함소리가 들렸다. 그와 동시에 여자들이 "꺄악" 하는 비명을 내지르며 탁자 위로 뛰어올랐고 쥐를 잡기 위해 구두를 벗어들고 설치는 몇몇 남자들의 모습과 뒤엉켜 온통 야단법석이 벌어졌다. 그 와중에 나는 혼자 행복했다. 놀라 자리에서 일어나 허둥대는 그녀의 손을 내가 꼬옥 잡고 있었기 때문이다.

그 후 그녀와 나는 고등학교 동문파티에 동참하게 되었고 급속도로 가까워졌다. 우리 만남에 그녀의 친구 민경과 성찬 형은 자주 합석을 했었는데 넷이 만나면 어찌나 유쾌했던지 모두들 시간 가는 줄 몰랐다.

그 무렵 중앙동 40계단 주위에 조그만 방을 얻어 살던 나는 감기를 자주 앓았다. 그녀는 자신의 목도리를 감아주며 불을 꺼트리지 말라고 신신당부 했지만 연탄을 가는 것이 귀찮아 나는 자주 냉방에서 자곤 했다. 콜록거리는 날 밉살스럽다는 듯이 쳐다보던 그녀는 내 방의 연탄불을 꺼트리지 않기 위해 수업을 결석까지 하면서 신경을 썼다. 아랫목에 펼쳐진 담요 아래 발을 넣으면 그녀가 좋아하는 호빵처럼 따끈따끈한 기운이 얼었던 몸과 마음을 포근히 녹였다. 행복했던 시절이었다. 누군가에게 보살핌을 받는다는 게 참 기분 좋은 일이라는 걸 그때처럼 절실하게 느낀 적이 없었다.

골목대장처럼 초겨울 바람이 거리를 쓸고 다니던 낙엽을 이리저리 몰고 다닌다. 우리도 그때는, 바람에 휩쓸려 다니던 저 잎과 같았다. 철없는 아이처럼 바람을 따라 다니던 낙엽 하나가 내 구두 위에 내려앉는다. 나는 낙엽을 허공으로 차올린다. 무심하게 공중을 휘돌던 마른 잎사귀가 도로 위에 사뿐히 내려앉는다. 나는 고개 들어 광복동 거리를 휘이 둘러본다. 음악에 취하고 서로에게 취해 시간을 보냈던 음악다방 무아 자리엔 숙녀복 매장이 들어섰다. 아쉽고 아련한 우리들 젊은 시절을 묻은 채.

그녀와의 만남이 거듭되면서 언제부턴가 그녀 얼굴에 그늘이 내리기 시작했다. 그 까닭을 알 수 없던 나는 그녀 친구 민경에게서 그 이유를 들을 수 있었다. 무남독녀 외동딸에 대한 기대와 사랑이 대단했던 그녀 집에서 나와의 교제 사실을 눈치 챘는지 선을 보라고 성화라는 것이다. 그 이야기를 전해들은 뒤부터 그녀의 잘못이 아니라는 걸 알면서도 나는 웬일인지 그녀만 보면 화가 났다. 마음과는 달리 그녀와 내 자신을 괴롭히며 보낸 힘겨운 날이 이어졌다.

결국 그녀와 헤어지기로 결심한 내 마음에는 알량한 자존심이 한 포대쯤 자리하고 있었던 것 같다. 그러나 만나고 싶지 않다는 내 말에 그녀는 눈썹 하나 까닥하지 않았다.

마침내 나는 최후의 수단을

쓰기로 결심했다. 그녀와 함께 있던 어느 날 나는 친구 여동생에게 내 방 창문 앞에 와서 애인인 척하며 나를 부르라고 시켰다. 남 말하기 좋아하는 주인집 여자 보는 앞에서 친구 여동생을 몇 번 불러들인 건 의도된 내 계획이었다. 그것이 진정 사랑하는 여자를 위하는 길이라고 여겼다. 그렇게 그녀를 떠나보내고 간 군대에서 나는 자주 탈영 충동을 느끼곤 했다.

영원히 멈추어 서 버린 것처럼 느껴지던 시간도 흘러 군대를 제대했다. 이상한 일이었다. 모질게 떠나보낸 그녀가 제대한 날부터 미치도록 보고 싶었다. 그러나 이리저리 수소문을 해봤지만 찾을 길이 없었다. 허탈한 마음에 무아로 발걸음을 옮겼다. 음악실의 위치가 왼쪽에서 오른쪽으로 옮겨진 것 외에 무아는 달라진 것이 없었다. 웬일인지 무아에 앉아 음악을 듣고 있으면 마음이 편안해졌다. 그녀를 안고 있는 듯 그녀에게 안긴 듯…. 그러다 뜻하지 않게 그녀 친구 민경을 만났는데, 내게 믿지 못할 이야기를 들려줬다. 일주일 전 그녀가 결혼을 했다는 것이다. 더욱더 충격적인 사실은 상대가 성찬 형이라는 것이었다. 나는 그저 멍하니 몇 시간을 그렇게 앉아 있었는데 태워도 태워도 재가 되지 않는 진주처럼 영롱한 사랑을 피우겠다며 윤시내는 무아 다방이 흔들리도록 열창하고 있었다.

민경에게 부탁해 딱 한 번 그녀를 본적이 있다. 우연을 가장해서. 눈길을 제대로 맞추지 않던 그녀가 어느 순간 "안녕"하며 손을 내밀었다. 나는 그녀의 손을 잡아주지도 "그래, 안녕"이라고도 말하지 못했다.

그 뒤 나는 의식적으로 광복동 쪽으로는 고개를 돌리지 않았다. 어쩌다 일이 있어 그곳을 가게 되면 기적을 울리며 기차가 지나가듯 가슴이 덜커덩거렸다.

성찬 형과 그녀의 소식은 내 의사와 관계없이 동기들이나 친구들에게서 종종 들려왔다. 그녀와 지난 1년 동안 세 번의 통화를 했다. 성찬 형이 간암으로 유명을 달리했다는 소식을 듣고 나서였다. 처음 내가 전화를 했을 때 그녀는 아무 말이 없었다. 두 번째 역시 묵묵히 내 말을 듣고 있다가 전화를 끊었다. 그리고 세 번째 전화. 보고 싶다는 내 말에 그녀는 오랫동안 말이 없었다. 500년 같은 시간이 흐르고 그녀가 "그때 고기에서 만나요"라고

조그맣게 읊조렸다.

나는 주머니 속 휴대폰을 꺼내 번호를 호출하다 말고 "그때 고기에서 만나요" 하던 그녀의 말을 떠올린다. "닭고기, 토끼고기?" 그녀의 말을 되받아 놀리는 나를 향해 여전하네, 하고 그녀가 웃었다. '거' 자를 '고' 자로 발음하는 그녀 역시 그때와 여전했다. 우리의 사랑과 이별을 고스란히 지켜보던 광복동 이 거리에서 그때처럼 그녀를 기다리고 있다.

열까지 세고 나면 그녀가 웃으며 내 앞에 요술처럼 나타날 것이다. 틀림없이, 틀림없이….

고갈비 골목

신정민(시인)

　부산 공동어시장 바닥에 팔뚝만한 고등어가 산더미처럼 쌓여 있었다. 고등어 배가 들어와 고등어를 부려놓은 것이었다. 그 동네에 살고 있던 초등학생 창수는 어판장 근처에 쌓여있는 고등어 더미의 귀퉁이를 발로 힘껏 걷어찼다. 서너 마리의 고등어가 발길질에 길 저쪽으로 날아갔고, 창수는 그 고등어를 주워 새끼줄에 아가미를 꿰어 집으로 갔다. 어판장 생선 관리인은 창수의 그런 행동을 뻔히 알면서도 눈 감아 주었다. 그렇게 가져가는 물고기가 얼마 되지 않았기 때문이기도 하지만 그 땐 모두들 가난했기 때문에 아이의 그런 행동을 모른 척 해준 것이었다.

그렇게 고등어를 흔들며 집으로 가는 동안 창수를 불러 세우는 사람이 있었다. 시장 골목의 행상 아주머니였다. 창수는 고등어 한 마리만 남겨두고 남은 고등어를 팔았다. 그렇게 모은 돈으로는 보고 싶은 영화를 보기로 했다. 고등어 한 마리를 집으로 가지고 돌아온 창수는 부엌에 들어가 연탄불에 석쇠를 올려놓고 구웠다. 먹음직스럽게 구워진 고등어에 소금을 살짝 흩뿌려 먹는 흰 생선살의 맛이란. 지금까지 그 맛을 따라올 고등어요리가 없다고 창수는 기억했다.

20년 후, 고등어 골목에 한 중년 신사가 찾아들었다. 그는 유엔에 근무하는 외교관이었다. 어릴 적 먹었던 고등어갈비 맛도 잊을 수 없었지만, 무엇보다 계엄령 시절을 함께 보낸 젊은 시절을 잊을 수가 없었기 때문이었다. 당시에는 고갈비 집이 10여개가 넘게 있었지만 지금은 두어 개가 간신히 남아있었다. 자신이 외교관으로 살게 된 이야기의 시작이 있었던 곳. 고갈비 골목. 그리고 그 때 공동어시장 자리에는 이제 부산세관이 들어서 있었다.

광복동과 남포동을 합쳐서 광포동이라고 불렀던 곳. 둥글게 만 식빵 한 줄과 소주 한 병을 사들고 친구들과 올랐던 용두산 공원이 바로 뒤에 있었다. 새 점 치는 노파의 풍경, 그늘 아래 삼삼오오 모여 장기를 두는 사람들. 커다란 시계탑의 바늘들. 멀리 날지 않는 비둘기들. 목을 길게 빼놓고 먼 바다를 바라보는 용두산 타워. 그 아래 모여들고 있는 작은 판자집들이 보이는 듯 했다. 그러나 그가 찾아온 지금의 광복동은 이국의 정취를 느끼게 하는 가게들과 사람들의 모습뿐이었다. 마치 타임머신을 타고 낯선 미래에 와 있는 듯한 느낌이 들었다. 그가 오랫만에 귀국해 맨 처음 찾은 곳이 바로 고갈비 골목이었다.

광복동은 부산광역시 중구에 있다. 일제강점기와 6.25 한국전쟁 등 수 많은 전쟁과 난리 속에서 잃어버렸던 우리 민족을 다시 찾은 광복. 빛 광(光)에 돌아올 복(復)을 써서 '빛이 돌아온다'는 의미를 잊지 않고 지키고 있는 동네가 바로 광복동이다. 조국의 독립으로 빛을 다시 찾게 되는 우리 민족의 진정한 빛 고을.

창수가 기억하기로는 '시내'라는 말은 지금의 서면이나 해운대와 같은 번화가를 지칭하지 않았다. 약속을 할 때 '시내에서 보자'

라고 하면 그곳은 당연히 광복동이나 남포동 근처를 일컬었다.

현재 부산시 중구에는 여러 개의 동네가 있지만 광복동은 1-3가에 이르는 좁은 지역. 행정동으로는 신창동, 창선동 지역까지 포함된다. 고가품 위주의 각종 소매점, 백화점, 유흥업소가 밀집되어 있어 유동인구가 많은 곳이다. 근처의 극장가는 해마다 부산국제영화제를 치러내고 있고, 길 건너편의 자갈치 시장은 회센터의 활성화로 부산만의 독특한 정취를 느낄 수 있어 부산을 찾는 많은 관광객들의 명소이다. 최근에 문을 연 한 백화점의 광복동 지점은 가까운 일본에서도 쇼핑을 오고 있고, 용두산 공원을 중심으로 형성된 화랑가나 소극장도 사람들이 즐겨 찾는 곳이다.

창수는 고갈비 골목으로 가기 위해 광복동역에서 내릴까, 남포동역에서 내릴까 고민하지 않아도 좋았다. 거리를 걷는 동안 추억을 되짚어볼 수 있을 거란 생각 때문이었다. 지금은 사라졌지만 옛 미화당 백화점 자리가 있었던 그 뒷골목만 찾아가면 되었다.
남자가 주인이어서 남마담 집이라 불렸던 남마담 집. 좁은 나무 식탁 세 개와 간이 의자 예닐곱 개가 전부였다. 그 때나 지금이나 달라진 건 아무 것도 없었다. 지금은 주인장이 여자로 바뀌었지만 그도 이 자리서 10년이 넘었다고 했다.
그는 고갈비와 막걸리를 주문했다. 젊은 시절 막걸리는 곡주라서 잘 마실 수가 없었다. 그래서 주로 소주를 마셨었다. 당시 고갈비 가격이 100원이었는데 그것도 비싸서 자주 먹을 수가 없어 외상을 달아두기 일쑤였다. 고갈비와 쌍벽을 이루던 음식 '마라톤'도 생각났다. 양배추와 같은 부피가 많이 나가는 야채를 썰어서 밀가루를 풀어 아주 두툼하게 부친 부침개였다. 끼니도 되고 안주도 되었던 마라톤은 가난한 대학생들이 오면 그 두께가 더 두꺼워졌다. 아무리 먹어도 남아있어 그런 이름이 붙었던 것이다. 배가 고플 땐 마라톤을 시켜먹고 배가 고프지 않을 땐 고갈비를 먹었었다. 안주를 시킬 때 '못잊어'를 주문하면 깍두기가 나왔고, 거나하게 취해 '이순신 꼬냑 한 병 더요' 하고 외치면 소주가 나왔었다. 막걸리는 라이스 와인이었다.

술잔 2개에 소주를 부었다. 한 잔을 먼저 마신 그는 대학 시절을 함께 보낸 고시생 친구, 준형이를 떠올렸다. 남은 한 잔은 세상을 떠난 그 친구의 것이었다. 대학시절 그는 시가 구원이 될까 늘 고민하며 시를 쓰고 있었고, 준형이는 고시를 준비하고 있었다. 가난과 말 없음이 닮았던 두 젊음을 에워싼 세상은 벌써 어지러웠고, 둘은 암담한 인생 진로에 대해 늘 붙어다니며 생각을 나누었다.

그러다가, 3학년 2학기 학기말 시험이 끝난 어느 날.

'정말, 시란게 인간을 구원할 수 있을까'. '과연 고시 패스가 인생을 행복하게 해줄 알약일까' '우리가 선택한 이 길이 죽을 때 후회하지 않을까'. 그렇게 반복되는 얘기를 나누던 둘은 얘기 끝에 서로의 꿈을 바꿔보기로 했다. 시를 쓰던 창수는 고시공부를 하고, 고시 공부를 하던 준형이는 시를 쓰기로 했다. 자신이 목숨 걸고 매달려있는 일이 과연 어떤 의미가 있는지 알아보기로 한 것이었다. 그렇게 1년 후에 만나기로 하고 둘은 헤어졌다.

난리를 피해 부산에 내려온 사람들이 모여 살고 있던 산비탈은 사과상자 같은 판자집들이 빼곡했다. 15촉 알전구 아래서 사람이 그리운 사람들은 백조다방이나 행운다방, 양지다방 같은 곳에서 쓰디쓴 커피를 마셨다. 그러나 삶만큼 쓰디쓴 것이 어디 있을까.

부산역에 내려 하룻밤 묵을 곳을 찾는 사람들은 쪽방골목들을 기웃거렸고, 어두운 거리의 건달들은 길 잃은 고양이들처럼 어슬렁거렸다. 가난과 불안은 밤보다 서둘러 찾아오곤 했다.

1년 후. 남마담집에서 만난 두 사람. 식탁 두 개 뿐인 두 평 남짓한 식당. 뒷면이 벗겨진 거울은 추운 입김만 보이고, 넘기지 않은 달력 속에선 한복을 곱게 차려입은 여배우가 활짝 웃고 있었다. 밑반찬 찬장 옆면에 달려있는 손바닥만한 외상장부는 겉장이 날금날금해져 있었다. 삐걱거리는 의자에 불 위에서 지글거리는 소리가 앉고, 고등어 굽는 연기가 열어둔 창밖으로 빠져나갔다.

사람도 고갈비골목도, 아무 것도 달라진 것이 없었다. T.S. 엘리엇의 황무지가 창수의 호주머니 밖으로 비죽 나와있었고, 눈이 퀭하니 들어간 준형이의 몸은 여전히 깡 말라 있었다. 어제 만나고 헤어진 것처럼 담담한 두 사람 사이로 깍두기와 막걸리 잔 두 개, 젓가락이 놓여졌다. 찌그러진 노란 막걸리 주전자를 기울이는데 적잖은 시간이 흘렀다. 저녁 어스름의 농도는 점점 더 짙어가고 취하지 않는 밤은 깊어만 갔다.

세월이 얼마나 흘렀을까. 중년이 되어 돌아온 창수는 남마담집 벽 한쪽 구석에서 지워지고 있는 낙서 하나를 발견했다.

등 푸른 저녁
빌딩의 뒤안을 홀로 걷는 사람아
지워지고 있는 길에서 돌아오라
사람 두엇 어깨가 닿는 골목
남마담 집도 좋고 할매집도 좋다
낡은 손목시계 맡기고 이순신 꼬냑*에 취해보자
밤 새워 읽기로 한 책 맡기고
라이스 와인에 소양강 처녀를 불러보자
돈 없어 시킨 안주
못잊어가 되어버린 깍두기 앞에서

우리의 진짜 안주는 가난이었다고
느린 걸음으로 걸어오고 있는
뜨거운 사람아
젖은 연탄이 뱉어내는 연기에 쿨럭 거려보자
빈 방 이씀
철자 틀린 단칸방에 세 들어
고양이가 돌아오는 새벽이 올 때까지
그늘 깊은 창문에 고개를 내밀어보자
휘어지는 힘으로 버텨온 골목
붉은 베고니아 화분을 내놓고
키가 크는 그림자를 기다려보자
공동화장실 문설주에 이마를 찧는 달빛
걷지 못한 빨래처럼 펄럭이누나
음 낮은 목관악기로 울어대는 골목
지느러미를 흔들며 돌아오는 골목아,

시를 쓰던 창수가 외교관이 되어 돌아왔으니 그가 돌아왔다면 시인이었을 친구가 남긴 시였다. 창수는 소주 잔 두 개에 다시 술을 부었다. 한 잔을 먼저 마시고, 다시 남은 한 잔을 친구대신 마셨다. 그는 문득 준형이가 사라진 백조다방에 앉아 그를 기다리고 있을지도 모른다고 생각했다. 보리수 다방에서 열린 시화전을 지금도 보고 있을지 모른다고 생각했다.
　수박등 켜진 고갈비 골목 저쪽에서 긴 그림자 하나가 들어서고 있었다.

돌아와요 부산항에

오소연(시나리오 작가)

"꽃 피는 동백섬에 봄이 왔건만, 형제 떠난 부산항에 갈매기만 슬피 우네."

2010년 2월 26일 부산 여객터미널 옆 수미르 공원에서 부산항 개항 134주년 기념식을 열었다. 부산항의 갈매기가 1876년 강화도 조약(조일수호조규)을 맺은 뒤부터 134년 동안만 울었을까? 우리는 왜 일본이 강요한 역사를 아직도, 그대로 따르고 있을까?

1019년 쓰시마의 어부인 스미모토* 씨는 처남과 아버지와 함께

동래부사접사도

바다로 나간다. 그날따라 낚시에 걸리는 것이 없어 애가 탔다. 스미모토는 며칠 전 셋째가 태어났고, 처남은 마음에 둔 처자를 아내로 맞이하기 위해 돈을 모으는 중이다. 그들의 배는 점점 육지에서 멀어져갔다. 갈매기 떼가 모여 있는 것을 발견했기 때문이다. 처남은 배가 기울지 않게 중심을 잡고, 스미모토와 그의 아버지는 그물을 걷느라 해적선이 다가오는 것도 몰랐다. 북방의 여진족들이 근래 들어 귀족들을 납치해 몸값을 요구하거나 어부들을 데려가 노예로 파는 일이 잦아졌다. 스미모토 일행은 저항도 못해보고 끌려갔다. 북방인들의 요새에는 붙잡혀온 일인들만 250명이 넘었다.

포로가 되니 신분의 차이가 없어졌다. 귀족들도 비단옷을 빼앗기고 자신들과 같은 넝마를 걸치고 쓰레기 같은 음식을 먹어야만 했다. 처음에는 이런 대우를 받느니 차라리 죽겠다던 귀족도 나중에는 서로 먹으려고 싸웠다. 포로 중에는 송인도 있었고 고려인도 있었다. 송인들은 고려인과 글로 대화를 나누더니 이내 사이가 나빠졌다. 그 고려인이 스미모토의 손을 보더니 다가와서 바닥에 뭔가를 쓴다. 漁 (어부 어) 그러나 스미모토는 그것이 무슨 뜻인지 알지 못했다. 그러자 그 고려인은 물고기를 그렸다. 스미모토는 반색을 하며 고개를 끄덕인다. 처남과 아버지도 손가락으로 가리키며 자신과 같은 어부라고 말했다. 아버지는 그 고려인을 경계했지만 스미모토는 고려인에게 북풍이 불기 시작하는 날을 알려주었다.

다음 날, 그 고려인이 보이지 않았다. 귀족들은 고려인이 탈출을 하려다 잡혔다며 다른 포로들에게 불똥이 튈 까봐 걱정했다. 스미모토의 아버지와 처남의 걱정은 더했다. 다행히 고려인은 죽지 않고 다리만 부러진 채 반죽음이 되어 돌아왔다. 북방인들이 들어와 뭐라고 고래고래 고함을 지르는 품이 도망치면 이렇게 된다고 경고를 하는 것 같았다. 스미모토는 의술을 몰라 고려인의 다친 다리를 깨끗하게 닦아줄 뿐이었다.
 그리고 다음 날, 북소리 징소리가 요란하게 들리더니 칼과 창이 부딪히는 소리가 귀를 찢는 듯했다. 한참 뒤 소동이 가라앉자 무기를 들고 피범벅이 된 사람들이 들어오더니 스미모토 옆에 누워있던 고려인을 보고 반가워했다.

스미모토와 함께 포로로 잡혀 있던 일본인 259명은 고려 수군에 의해 구출되어 무사히 일본으로 돌아갔다. 그리고 고려의 강압적인 개항요구에도 응하지 않던 일본 정부는 1056년 고려에 사신을 보낸다. 그렇게 고려는 1년에 한 차례 일본과 교역을 시작하지만, 1350년부터 시작된 왜구의 침입으로 양국 간의 교역은 중단된다.

쓰시마 도주인 사다모리 씨는 아시카가 장군의 친서를 앞에 두고 이마를 싸매고 있다. 조선(고려)과의 교역이 단절된 지 50년이 넘어 삼(蔘) 값은 금값을 훨씬 뛰어넘고 있었다. 삼은 직접 조선 땅에 가서 훔치지 않고서야 구할 수 없는 물건이 되어버린 지 오래다. 그런데 조공으로 삼 30상자를 바치라니. 그는 할 수 없이 오기와를 부른다.

도주의 부름에 나갈 채비를 하는 오기와*, 그의 할아버지 스미모토가 앞길을 막아선다. 고기잡이로는 입에 풀칠하기도 어려운 세상. 오기와는 작살 대신 칼과 화살을 들고 배를 타기 시작해 약관의 나이임에도 부하가 300이 넘고 가지고 있는 배도 100척이 넘는다. 이번에는 쓰시마의 수군까지 더해져 수하 500과 배 200척을 이끌고 조선 앞바다로 출항하기로 했다. 얼마 전에 규슈 해적이 부산포로 나갔다고 했으니, 자신은 포항으로 목표를 잡았다. 포항에서는 금산까지도 갈 수 있다. 나라가 세워진 지 얼마 안 되어 내륙까지 침투하는 것도 어렵지 않은 형편이었다. 오기와는 길잡이를 세워 값나가는 물건과 여자를 닥치는 대로 강탈해 갔다. 군복을 벗어서 그런지 수군들의 횡포가 더 심했다. 반항하던 장정이 침을 뱉었다는 이유로 마을 하나를 통째로 없애기도 했다. 그것이 화근이었다. 군복은 벗었지만, 무기에는 쓰시마의 징표가 남아있었던 것이다. 조선의 복수전이 시작되었다.

오기와 무리는 조선을 넘어 요동으로 건너갔고, 수군은 조선에서 강탈해 온 물건들을 싣고 쓰시마로 돌아갔다. 배가 포구에 닿기가 무섭게 조선의 해군이 쓰시마 앞바다를 에워쌌다. 함선이 227척, 수군의 숫자만 해도 1만 7천이 넘었다. 대군이 버티고 있으니 사다모리도 어쩔 수 없었다. 큰바람이 불기 전에 끝장을 볼 요량으로 조선의 장수 이종무는 부하들을 독려했다. 오기와가 돌아올 때까지 기다리다가는 쓰시마가 정복될 형편이었다. 사다모리는 이종무에게 화친을 바란다는 서신을 보낸다. 처음에는 자신을 비웃던 규슈의 다이묘도 이내 조선 수군의 기세에 눌려 아시카가 장군에게 조선에 정식으로 사신을 보내자고 상소를 하는 형편이었다.

문제는 요동에 있던 오기와였다. 해적이 말을 타고 싸울 수는 없다. 어서 돌아가야 하지만 조선군에게 추적을 당할까봐 쉽게 발걸음을 떼지 못하고 있었다. 조선의 북벌군을 경계하기 위해 명의 군대가 오고 있는 중이었으니, 오기와는 양쪽으로 협공을 당할 위기에 놓였다. 오기와 일당은 죽기 살기로 압록강을 따라 북쪽으로 이동한다. 할아버지가 입버릇처럼 말하던 그곳, 북방의 여진족에게 포로로 잡혔던 곳에서 남하할 계획을 세웠다. 압록강의 물살을 헤칠 때에도, 두만강에 몸을 맡길 때에도 조선군은 보이지 않았다. 부하들은 오기와에게 하늘의 기운이 따른다며 감사해했다.

1419년 오기와가 고향에 도착한 지 얼마 후, 쓰시마의 도주 사다모리 소는 정식으로 조선과의 교역을 시작한다. 조선의 내이포(웅천), 부산포(동래), 염포(울산)에 왜관이 설치되어 더 이상 해적질을 하지 않아도 되었다.

1609년, 신이치로 노부부는 60년 만에 귀향한다. 태어나서 자라고, 사에코를 만나 결혼한 곳이 신이치로의 고향, 부산포이다.

신이치로 부부는 쓰시마 번의 사신들과 초량 왜관 연대청에 모셔진 왕의 전패 앞에 향을 올리고 절을 한다. 조공을 바치고 사들일 물건 목록을 정리하고, 연회가 시작되고…. 기나긴 공식 일정이 끝나고서야 신이치로 부부는 노구를 이끌고 60년 전의 신혼살림집으로 발걸음을 옮긴다. 전쟁으로 없어졌을지도 모른다는 불길한 생각이 잠시 들긴 했지만, 사에코는 반쯤 무너진 돌담을 가리킨다. 벌써부터 사역군인들이 작업을 시작했는지, 돌과 흙을 실어 나르고 있다. 이 돌담 안이 한때는 거주인구 5천이 넘던 일본 전관 거주구역, 통칭 왜관이다.

신이치로의 조상은 대대로 어부였고, 그 중 한 명은 해적으로 유명했다고 한다. 그러나 조선에 삼포가 개항한 뒤 쓰시마와 조선을 오가는 사신을 따라 무역을 시작했고 신이치로의 아버지 대부터 부산포에 정착해서 살기 시작했다. 일본인이기는 하지만 신이치로는 부산에서 태어나서 자랐다. 그것은 사에코도 마찬가지였다. 역시나, 신이치로의 집은 터만 남아 있었다. 전쟁이 끝난 뒤 일본인이라면 무조건 죽이려고 달려드는 조선인 때문에 할 수 없이 본국으로 돌아갔지만, 신이치로도 사에코도 고향인 부산포에서 눈을 감는 것이 소원이었다. 부산 앞바다의 짠내를 맡으며 아침에 눈을 뜨기 위해 죽지 않고 이날이 오기만을 기다렸다.

노부부는 등짐을 지고 손을 꼭 잡고는 언덕을 올랐다. 어렸을 때 울창했던 나무들은 다 베어지고 무릎을 겨우 넘을 만한 잔나무들도 땔감으로 가지가 다 잘려나가 뿌리만 겨우 남아있었다. 한

편으로는 슬프고, 또 한편으로는 편안했다. 바다는 여전히 짠내를 풍기고 있으니 어디서 눈을 뜨든 맡을 수 있을 것이고, 눈을 영영 못 뜨게 되더라도 자신들은 부산포에 묻힐 것이 분명했기 때문이다.

　　이 작품은 역사적인 사실에 근거한 픽션입니다. 본문에 등장하는 주요 인물(*표시)은 실존하지 않는 가상의 인물입니다.

부산유치원 은행나무 이야기

이선형(시인)

나는 은행나무입니다. 용두산 공원 아래, 옛 동광초등학교터에 들어선 공영주차장 뒤편에 서있답니다. 내가 있는 곳을 일러주기 위해 이 주차장 이야기를 하면 누구나 빨리 알아채더군요. 도시 사람들은 이제 발자국을 세며 골목을 걸어 다니기보다는 차를 타고 움직이는 일이 더 많아서 그렇겠지요. 차를 멈추고 출발하는 곳이니까요.

내 뿌리 아래로 콩콩 뛰어오던 아이들의 발자국 소리 대신 덜컹거리는 차바퀴소리가 들린 지도 오래이건만 '동광초등학교 자리'. 이 말이 울릴 때마다 뜨거운 기운이 핑그르르 몸통을 한바퀴 돌다

　가 빠져나갑니다. 푸른 가지에 뛰어올라 흰 구름처럼 싱그럽게 해주던 아이들의 말소리. 발소리들이 내 몸 안에 무늬로 아로새겨져 있다가 온통 귀가 되어 그 말을 들은 게지요.

　나는 여기서 오래 살았어요. 내 몸에 새겨진 무늬는 아주 많은 겹을 이루지요. 지나가다가 우연히 나를 본 사람들이 "와아, 저리 커다란 은행나무가 우찌 이 금싸라기 땅에 있노."하고 말하는 걸 가끔 듣습니다. 그러면 내 머리 속에는 전기톱 소리가 들려옵니다. 몸이 움칠 옹그러듭니다. 내 주변에 있던 많은 나무들이 전기톱에 베어져 쓰러지고 그 자리에 높은 건물들이 무겁게 들어서던 기억의 무늬가 바르르 울린 것입니다.

　한 자락의 땅도 그냥 두지 못하고 뚝딱뚝딱 높은 건물이 들어서는 도시 중심에 내가 서있습니다. 사람 손길로 말끔히 관리되지 않고 풀들이 제멋대로 웃자라는 이 공터가 도시사람들에게 이상하게 보이는가 봅니다.

　주차장 자리에는 '동광초등학교 옛터'라고 기념석이 서 있어서 지나가던 사람들이 그곳의 유래를 알게 되지만 오래 전, 여기가 한국 최초 유치원이 있던 자리라는 것을 아는 사람은 거의 없지요. 몇 년 전까지만 해도 남아있던 낡은 건물은 철거되고 아무런 안내판도 없으니까요. 그렇다고 정말 이곳이 아무 것도 없는 공터일까요? '부산유치원'의 모든 이야기들이 내 몸에 새겨져 있는데요? 깊은 골짜기의 메아리처럼 오늘도 이렇게 몸을 휘돌아 울려나오는데요.

　처음 부산유치원이 지어진 때는 1897년 3월 무렵이었지요. 단층으로 길게 앉은 교사는 아담하고 침착한 모습이었지요. 격자무

늬 유리창은 햇빛을 받아 상기된 볼 위에 영롱한 빛무늬를 그리고 있었지요. 처음 입학한 아이들의 호기심을 누르기 힘든 눈처럼요. 어른들은 반짝반짝 윤이 나는 커다란 피아노를 교실로 옮기느라 소리를 치고, 팔랑팔랑 봄나비같이 아이들이 치맛자락을 퉁기며 여기 저기 옮겨다니고 있던 모습이 어제 일처럼 생생하게 눈앞에 떠올라요. 그날로부터 100년이 훌쩍 넘었다는 게 믿어지지가 않아요.

지금 이곳에 함께 살고 있는 여러 나무들도 부산유치원이 지어질 때 만나게 된 동무들입니다. 마로니에, 굴참나무, 느릅나무, 백양나무, 히말라야시다, 버즘나무, 목련, 벚나무, 아왜나무, 벽오동나무… 이 곳에는 저 말고도 오래된 나무들이 많이 있습니다. 도심 속에 작고 푸른 숲을 이루고 있습니다. 아무도 가꾸고 청소를 해주는 사람이 없어서 천덕꾸러기 콩쥐같은 행색이지만 우리는 어느덧 오래된 숲이 되었습니다. 가끔 여기 역사를 알고 일부러 찾아온 사람 중에 "이곳을 이렇게 방치해서는 안됩니다. 부산 근대 문화유산으로 보존할 수 있도록 합시다. 이렇게 오래된 나무가 많으니 주변 시민들이 산책하고 쉴 수 있는 작은 공원으로 해도 좋겠습니다." 하는 분들도 있었습니다. 그런 말을 들을 때면 안심이 되고 오랜 날 고생을 버텨온 보람을 느낍니다.

가끔은 유치원 선생님들이 멀리서 찾아오기도 합니다. 날마다 기력이 초췌해가는 병든 노인처럼 낡아가던 교사가 그래도 남아 있었을 때였습니다. 한 사람은 화가 났는지 큰 소리로 말했지요.

"이런 귀중한 건물이 어떻게 이리 방치되고 있단 말이야? 일본 거류민 자녀를 위해 지어졌다고 그러나? 그래도 한국 최초의 유치원인 부산유치원은 한국유아교육 학자들이 인정하고 있는 한국 교육의 역사잖아. 쓰리고 아픈 역사라 하여 정치적 차원에서 문화재 지정이 어렵다면 '유아교육박물관'으로 활용해도 큰 가치가 있을 건데 이렇게 버려두었다가 소실된다면 어떡해?"

하지만 그 사람이 돌아가고 얼마 안 되어 이 땅을 새로 산 주인은 건물을 밀어내 버렸습니다. 백년을 함께 지냈던 건물이 하루만에 말끔히 사라져 버렸습니다.

호기심 많던 눈망울의 유리창이 깨어지고 때묻어 더 이상 빛나지 않아도, 아무리 버려져 폐가처럼 보인다 해도 우리 나무들은 그 교사와 백년이 되도록 한 몸이었습니다. 건물이 헐려나가 유령같이 텅 빈 공간을 보듬고 우리들은 얼마나 울었을까요? 그 많던 유리창마다 잎을 드리우던 마로니에가 맥을 놓고 슬퍼하던 모습은 우리 마음을 더 아프게 했습니다.

그러고 보면 이 땅의 역사가 뼈아픈 고통의 시간을 넘어온 만큼 우리도 영문 모르고 느닷없는 이별들을 감당해야 했습니다.

부산유치원이 지어지기 전 이 자리에는 초량왜관의 절, '동향사(東向寺)'가 있었습니다. 사찰에는 커다란 은행나무가 서 있으면 풍광이 좋다 하여 햇빛이 밝은 어느 봄날 나는 동향사 뒷마당에 심어졌지요. 늙어 허리가 꼬부라진 일본인 승려는 아침마다 세수대야에 물을 담아 뿌리에 부어주고는 힘들어 가빠진 숨소리를 고르며 내 우듬지를 쳐다보곤 했습니다.

동향사 시절을 이야기하려니 초량왜관의 역사를 정리해 말하지 않을 수 없군요. 어떤 사람들은 일제강점기 시절 일본거류민 지역이 된 부산의 근대사를 수치스럽게 여겨 초량왜관시절마저 대면하기 싫어하기도 하지만요.

우리나라 고려 말기부터 조선 초기까지 왜구(일본 해적)들의 노략질이 심했습니다. 세종 때 우리나라가 왜구의 소굴인 쓰시마 섬을 토벌하고 나자 일본은 우리나라와 교역하기를 계속 원했어요. 세종은 회유책으로 삼포, 즉 제포(진해), 염포(울산), 부산포를 열어서 일본이 왕래하여 무역하는 것을 허가했습니다. 그리고 거기에 왜관을 두어 교역, 접대 등의 일을 맡아보게 하였습니다.

그 뒤 삼포왜란 이후에 왜관을 제포에만 두었다가 1541년 제포에서 조선인 관병과 쓰시마인들 사이에 싸움이 일어나 이것을 이유로 제포에 거주하던 일본인을 모두 추방하고 왜관을 부산포로 옮겼습니다. 두모포 왜관이라고 하지요.

그러다가 1678년(숙종 4년)에 용두산 주변 10만평의 부지에 초량왜관을 설치하여 옮겼습니다. 왜관에 거주하던 일본인은 예전 200명에서 500명으로 크게 늘어났습니다. 왜관은 일본상인들이 중국상품을 구입해 가는 중개무역기지인 동시에 조선과 일본, 두 국가는 외교, 경제, 문화 등에 걸친 다양한 교류를 시작했지요. 일본은 구리, 황 등을 가져와 곡물, 옷감, 서적 등과 바꾸어 갔어요.

 그때 왜관은 마치 읍성처럼 6척 높이의 석축으로 둘러싸여 조선인 마을과 격리되었으며 왜인들의 출입도 제한되어 있었습니다. 초량왜관은 200년에 걸쳐 존속되었지요.

 그 후, 1876년 강화도조약이 체결되면서 부산은 본격적인 개항의 시대로 탈바꿈합니다. 그 때부터 초량왜관 부지에는 일본공사관이 설치되고 일본인 전관거류지로 개방됩니다. 그리고는 일본상인들이 지역에 제한받지 않고 상업활동을 전개하면서 거류민과의 상업활동이 폭주함에 따라 왜관기능이 유명무실해지게 됩니다.

 일본은 부산앞바다를 매립해 근대적인 항구를 건설합니다. 조선에 가면 엄청난 돈을 벌 수 있다는 소문이 나돌아 너도나도 조선으로 들어오는 일본인들이 급증하면서 지금은 복개된 광복로의 실개천을 따라 일본인 주택도 늘어났어요. 그 후 여러 가지 공공기관과 상업시설, 항만과 철도 등 산업시설들이 이곳을 중심으로 들어서 광복동 일원이 근대문물의 중심지로 되게 하였지요.

 일제강점기인 1916년에 일본인들은 용두산공원을 조성하고 지금 부산타워가 있는 곳에 신사를 세워 우리나라 사람에게도 신사참배 의식을 강요하기도 했어요. 1945년 광복 직후 이 신사는 민씨 성을 가진 청년이 불을 지르고 난 뒤 철거되었지요.

다시 주권을 되찾았다는 의미로 이 일대는 '광복동'으로 이름이 새로 지어졌어요. 5년 뒤 한국전쟁이 일어나고 광복동에는 대한민국 임시수도가 설치되면서 자연스럽게 우리나라의 정치, 경제, 문화의 중심지로 떠오르게 됩니다.

한국전쟁 때 부산으로 몰려든 피난민들이 지은 판자집이 산 위에 난립하기도 했는데 1954년 일어난 화재로 모두 불타 버렸습니다. 1972년에는 신사가 있던 자리에 부산타워가 마치 용의 머리처럼 하늘 높이 세워졌지요. 바다 멀리 일본땅을 제압하는 듯 내려다보며 말이지요.

초량왜관은 조선초기 부산포 개항부터 일제강점기까지 교류와 침략거점의 이중적 공간으로 엇갈린 시선을 받고 있습니다. 초량왜관의 자취를 아예 없애고 개발하려는 움직임도 있었고 동아시아 최대 무역기지였던 초량왜관을 복원하여 근대역사관광의 장소로 재생하자는 움직임도 있었습니다.

침략의 거점이 되기도 했지만 초량왜관 지역은 일제시대 치열한 '저항의 공간'이기도 했습니다. 내가 살고 있는 부산유치원 터에서 골목을 따라 조금만 내려가면 백산기념관이 있습니다. 그곳은 일제시대 독립운동에 민족자본을 대었던 백산 안희제 선생의 백산상회(1914년에 설립)가 있던 자리입니다. 거리 이름도 백산로라고 지었습니다.

이때 시내 땅의 대부분은 일본인 소유였습니다. 우리나라 사람들은 변두리로 밀려날 수밖에 없었고 열악한 거주환경에 힘들게 살아내야 했습니다. 일본인 거류지역 한복판에서 독립운동의 거점을 만들고 버젓이 활동하였다는 것은 그만큼 담대하였고 모든 것을 바쳤다는 것을 알 수 있습니다.

옛날 지도를 보면 용두산이 바다로 흘러 예전의 시청 자리에는 용미산이 있었습니다. 지금의 중앙동과 남포동 일대는 모두 바다였습니다. 부산유치원이 생기던 1876년에 먼저 동광동과 중앙동 바다를 메우고, 1911년부터 1부두와 2부두 일대를 메웁니다. 그리고 1928년부터 남은 중앙동 일대와 남포동을 메워 지금의 땅이 되었습니다. 오늘도 수많은 사람이 어깨를 비켜가며 중앙동과 남포동 거리를 걸어다니고 있지요. 무심히 발을 디디고 있는 땅이 100년 전에만 해도 파도가 출렁이던 바다 위라는 걸 생각하면 어떤 느낌이 들까요?

지금이라는 지점이 얼마나 많은 질곡의 역사를 거쳐 와 닿게 된 곳인지, 이 땅 아래 치욕과 저항을 살아갔던 사람들의 벅찬 숨결을 지금 사람들이 느끼게 된다면 많은 것은 달라지지 않을까요?

그래서 아마 제가 있는 부산유치원터에 일부러 찾아온 학자나 신문기자들은 초량왜관 복원 문제를 의논하였겠지요. 100년의 세월이 흐르는 동안 부산 근대사의 정체성은 자기의 잘못한 과거를 그냥 지워버리고 싶은 심약한 사람처럼 흐지부지 되었습니다.

그러는 동안 부산 근대문화유산으로 보존되어야 할 건물들은 어이없이 철거되고 사진 속에만 남게 되었습니다. 비록 일본인 자본에 의해 일본인을 위해 만들어졌다 해도 그 속에는 조선인 목수들과 조선인 인부들이 함께 일했고 그 시절 수많은 조선사람들이 치욕과 절망 속에서도 다부지게 품고 있었던 희망의 기운이 묻어있는데 말입니다. 일본인 마을 한가운데 자리 잡고 있었던 백산상회처럼, 어려움 속에 더 굳세게 살아내었던 우리나라 사람들의 정신이 그 시절 건물에 새겨져 있는 거지요. 힘들었을 때의 정신을 더 소중하게 간직해야 지금이란 시간도 무심히 보내지 않게 되지요.

그런데도 소중한 근대 삶의 정신을 담고 있는 건물들이 맥없이 철거되고 모텔이나 상가 건물로 바뀌어 부산은 점점 정체 모를 공간이 되고 있다는 걱정을 하는 사람들이 많습니다. 학자와 지역 토박이 어른들은 근대사의 흔적이 모두 사라지기 전에, 왜관 시절 동향사가 있었던 자리이며 우리나라 최초 유치원이라는 교육연구의 가치가 있는 이 부산유치원 터에 '초량왜관 기념관'부터 만들자고 의논합니다. 허망하게 하루아침 철거돼버린 옛 교사가 남아있을 때부터 이 이야기가 나왔었지요.

이렇게 이곳은 여러 번 위기를 넘겼답니다. 땅주인들이 바뀔 때마다 우리 나무들은 참담하게 몸을 떨어야 했어요. 건물이 들어서려면 우리를 베어낼 것이고, 백년, 이백년 오랜 세월을 겪으며 살아온 목숨이 전기톱에 잘려 끝장나는 시간은 십분도 안 걸릴 테니까요.

사실 세계 선진국들은 오랜 세월을 살아낸 나무들의 가치를 존중하여 많은 비용을 치르고 보존하는 것이 당연한 일이 되었습니다. 사람보다 오래 사는 나무들 속에서 옛사람의 삶과 지금 사람의 삶이 연결되어 있다는 것을 알고 단순한 나무로 보기보다 역사와 문화유산으로 인정하는 것입니다. 우리나라에서도 나무를 존중하는 사람들이 많아집니다. 일부러 노거수를 찾아서 여행을 떠나는 사람들도 있습니다.

지난 가을에 나를 찾아온 중년의 화가와 후배도 그런 사람들이었습니다. 그들은 샛노랗게 물든 나를 보며 마음이 부풀어오른 듯 했습니다.

"살아있는 큰 존재를 대면하고 있는 기분이야. 사소하게 알짱알짱 머리를 고문하던 것들이 순식간에 날려가 버리네? 이게 큰 존재의 기운인가?"

화가는 기분 좋게 웃었습니다. 사진을 찍고 있던 후배는 이쪽 저쪽에서 햇빛을 맞추며 나를 계속 카메라에 담고 있다가 툭 말했습니다.

"그런데 여기도 곧 모텔이 들어서기로 한 모양이던데요?"

나는 소스라쳐 놀라 또 가지가 떨려왔습니다. 남자는 걱정스럽게 내 줄기를 쓰다듬었습니다.

"그럼 이렇게 하자. 공사를 시작하려고 하면 우리가 나무 위에 올라가서 시위를 하는 거다. 나무 위에서 밤이 되어도 내려오지 않는 거야." 내 줄기를 올려다보며 궁리를 하던 화가가 발견한 방법이었습니다.

"이 장소마저 사진으로만 보게 하지 말자. 우리가 미적거리는 사이 모든 장소들이 없어지고 사진만 남아."

나를 살리려고 하는 사람들도 많이 있다는 생각에 훈훈해졌습니다. 내가 스스로 희망을 품고 있어야 사람들이 밖에서 도와줄 수 있을 거라는 걸 깨달았습니다. 올 봄에 나는 다른 해보다 더 서둘러 움직여 새 잎을 몸 밖으로 길러냈습니다. 하루아침에 건물이 철거된 것처럼 전기톱에 내가 잘려나갈까 걱정이 되었는지 그 후에도 화가는 광복동에 나오는 날이면 부러 나를 보러왔지요.

나는 그에게 다른 은행나무보다 더 빠르게 싹을 틔운 내 힘찬 모습을 보여주었습니다. 사실 무채색의 겨울은 끝이 안 보이는 긴 터널이지요. 하지만 터널도 끝이 나고 겨울도 지나가는 거지요. 오래 살아온 나는 누구보다 그걸 잘 압니다. 고통이 와서 견디기 힘들 때는 길고 춥던 겨울을 생각한답니다. 그러던 어느 날 문득, 햇빛이 더 깊게 내게 머물고 뿌리 아래 흙이 간지러워진 걸 알게 되죠. 봄이 온 겁니다. 겨울의 터널을 묵묵히 잘 견디며 살았다고 봄은 더 환하고 기쁘게 닿습니다. 나도 싹을 힘차게 뿜어내었습니다. 나를 걱정해준 그 화가에게 연두색 혈관이 숨쉬는 손바닥을 내밀었지요.

어려운 시간들을 참 여러번 지나왔습니다. 도로 확장공사를 한다고 하여 이곳이 철거될 위기도 있었지요. 그때도 지역주민들과 학자들이 동향사 시절의 오래된 석축과 근대 유산을 보존해야 한다는 주장으로 힘을 합쳐 지켜주었습니다. 얼마나 고마운 분들이 었는지요.

봄은 금방 여름으로 번져 무성해지더니 다시 올 가을에도 나는 환한 등을 켤 수 있었습니다.

해마다 그랬듯이 가지 위 나뭇잎들은 내가 추운 겨울을 다시 잘 견디라고 기꺼이 이별의식을 준비합니다. 우리들은 봄, 여름, 가을을 지내는 동안 겪었던 슬프고 힘든 일들이 결국 사랑을 완성하기 위해 주어졌던 것을 알아차립니다. 이별 앞에서 생의 슬픔도 고통도, 기쁨과 다를 바 없이 소중한 빛이 됩니다. 가을이 깊어 갈수록, 이별의 날이 가까이 올수록 잎은 날마다 더욱 환하게 나를 비춰줍니다. 나는 이 세상의 나무가 아닌 다른 존재가 된 것 같습니다.

오늘은 가을햇빛이 갓 지은 쌀밥 한 보시기처럼 윤이 납니다. 그 햇빛을 받은 나는 스스로도 낮에 나온 황금빛 별 같다고 자부하게 됩니다. 어떤 할머니가 아까부터 입구에서 갸웃거리며 안쪽을 들여다보다가 걸음을 떼고 있습니다. 둘레둘레 걸어오던 할머니는 나와 눈이 마주칩니다.

"오오, 저 은행나무…"

내 줄기 속에서도 번개가 번쩍 칩니다. 할머니의 얼굴에는 주름이 골골이 지고 저승꽃이 피어서 늙음이 자리잡은 지 오래였지요. 하지만 늘어진 거죽 사이 눈빛에서 튀어나오는 빛은 분명 노랑나비처럼 내 가지 위에 팔랑 올라와 앉아 혼자 놀기 좋아하던 소녀, 마리꼬입니다. 마리꼬는 내 앞으로 다가와 떨리는 손으로 나를 더듬더듬 만집니다. 그리고 팔을 벌려 가슴 가득 내 줄기를 보듬습니다. 마리꼬는 털썩 주저앉습니다. 다른 한 사람이 뒤따라 들어와 옆에 서있다가 마리꼬에게 방해되지 않을 만큼 떨어져 앉습니다. 가끔 이 곳을 찾아오곤 하던 역사학자여서 아는 얼굴입니다.

"다시 만날 수 있을 거라고 생각했는데… 이렇게 오래 걸릴 줄은 몰랐어요."

마리꼬의 늙어서 볼 품 없는 얼굴 위로 눈물이 사금처럼 반짝 빛났습니다.

"나는 조선이 해방이 될 무렵 본국으로 귀환하는 부모님을 따라 이곳을 떠나게 되었지요. 하지만 나로서는 본국이 낯선 곳이라 혼란을 많이 겪어야 했어요. 일본에서 힘들 때마다 여기를 생각했지요. 내가 태어나 자란 곳, 내게 모든 사물의 이름을 처음 가르쳐준 곳. 내게 첫 아름다움이었던 곳. 마음으로만 품고 있던 이곳에 내 몸이 다시 서니 고통스럽던 지상에서의 삶이 둥글게 완성되는 것 같은 느낌이에요."

떨어진 잎들이 뿌리 옆에 흩어진 것을 보고 마리꼬는 한 잎 한 잎 주워 손바닥 위에 조심스럽게 올렸습니다.

"저 아래 조포가에서 두부를 가져다주던 조선인 아이랑 은행잎을 줍기도 했는데… 그 아이 이름은 경이라고 했어요. 그 아이도 여기를 다시 찾아왔을까요?"

마침 아주 먼 바다의 냄새를 담고 바람이 불어왔습니다. 아주 오래오래 전 시간도 함께 묻어있어서 나와 잎들도 이별의식을 하기 좋았습니다. 더구나 내 어린 친구가 오랜 시간을 넘어 돌아와 뿌리 위에 앉아 있지 않습니까? 첫 마음자리까지 돌아와 황금빛으로 물든 잎들은 기꺼이 몸을 날렸습니다. 바람을 타고 그 많은 잎들이 황금빛 눈처럼 날렸습니다. 하늘도 땅도 황금빛 세상이 됩니다. 순간 세상은 꿈을 꾸며 멀리 날아갑니다. 할머니는 다시 노랑나비 같은 마리꼬가 되어 날아오릅니다. 은행잎들은 수줍게 웃는 경이의 볼우물이 되어 내려옵니다.

구포 이야기

이현주(시인)

　빌딩숲 인파 속에서도 사람이 그리우면 구포시장으로 가 보세요. 더구나 현재 있는 곳이 부산역 근처라면 지하철이나 버스가 아닌 열차를 타고 가 보세요.
　먼 거리가 아니니 굳이 값비싼 KTX나 새마을호를 탈 필요는 없습니다. KTX나 새마을호를 타면 12분, 무궁화호를 타면 13분. 1분의 차이밖에 나지 않는데도 요금은 두세 배 이상의 차이가 나거든요. KTX는 8,100원이고 무궁화호는 2,500원이니 1분의 여유가 주는 행운치고는 꽤 값지지 않습니까?

　부산역에서 11시 20분 열차를 타기 위해 상행선 플랫폼에 들어섭니다. 일상에서 탈출하는 기분입니다. 어깨에 걸친 작은 가방이 마치 먼 여행길을 준비해 온 배낭처럼 들썩거립니다. 때마침 내리는 가을비가 여행 기분을 더욱 실감케 하는군요.

　좌석 번호도 확인하지 않은 채 '열차카페' 칸에 오릅니다.

　첫손님입니다. 넓은 창가에 앉아 한 잔의 커피를 마시며 막 재죽을 떼는 열차를 온몸으로 만끽해 봅니다. 열차를 통째 빌린 기분입니다.

　구포역에 내리니 많은 사람들이 열차를 타기 위해 몰려있군요. 그들이 떠난 자리에 이제는 내가 머물 것입니다.

　역을 나서자마자 '황금당' 붉은 간판이 눈에 들어옵니다. 한국 지방 금융기관의 선구라고 할 수 있는 '구포저축주식회사'(1908

년 설립)가 있던 자리입니다. 금융기관이 있었다는 것은 당시 이곳 구포가 상당한 중요지였다는 것을 의미하겠지요. 이곳은 바로 하단포와 부산으로 수송되는 물산의 집산지였답니다.

　따라서 구포는 일찍부터 각 지방의 상인들이 몰려들기 시작했습니다. 상인들이 몰려들다보니 자연적으로 객주가 들어서기 시작했고, 때문에 금융기관의 설립이 절실했겠지요. 이에, 당시 대지주였던 장우석과 윤상은이 중심이 되어 지역의 물산 객주와 지주 70여명이 합자하여 '구포저축주식회사'를 창립하게 되었답니다. 이 회사는 예금 및 대금업, 어음할인업 등 근대의 은행 업무와 별 차가 없는 금융기관의 형태였답니다. 바로 1912년 설립된 우리나라 최초의 지방은행인 '구포은행'의 모태가 되지요.

　'황금당' 붉은 간판 속으로 흔적도 없이 사라져 버린 최초의 민

족계 지방은행 '구포은행'의 터를 씁쓸히 바라보다 길을 재촉합니다.

'만세거리'입니다.

'만세거리'는 구포역 앞 골목길에서부터 구포시장에 이르는 길로써, 1919년 3월 29일 거행된 일제 항거 운동의 거리를 말합니다.

그날 구포 장터에서는 청년들이 주축이 되어 장꾼 1,200여명과 더불어 독립만세운동을 일으켰습니다. 사람들이 많이 몰리는 장날(음력 2월28일)에 맞춰 거사를 단행한 것이지요.

거사를 주동한 청년들은 장꾼들에게 독립선언서를 나누어 주며 '대한독립만세'를 외쳤습니다. 이에 장꾼들도 함께 뜻을 모아 목이 터지도록 만세를 부르며 시위를 벌였습니다.

　시장에서 발발한 시위대는 현재 구포역 방향으로 이동하며 항거했는데, 그때 시위 주동자들이 끌려가고, 이들의 석방을 요구하는 투석 시위를 또다시 벌이다 많은 사람들이 투옥되어 옥고를 치렀다 합니다.

　북구청에서는 지난 1999년, 3·1운동 80주년 기념으로 '구포만세운동'을 재현하는 행사를 거행하였는데, 이후 연중행사로 자리를 잡으면서 매년 3월 말경 토요일이면 구포시장에서 출정식을 갖고 구포역까지 거리행진을 하며 만세운동을 재현하고 있답니다.

옛모습이 그대로 남아있는 만세거리

그날을 상상하며 만세거리 안으로 들어섭니다.

오래된 건물들이 줄지어 있군요. 미처 떼지도 않은 낡은 간판들도 보입니다. '귀부인의상실', '시대세탁소', '제일전당포' 등, 시간이 멈춰버린 것 같은 거리입니다. 때마침 곁을 지나는 기차 소리에 온 몸이 타임머신 속으로 빨려드는 듯 혼미해집니다.

간판도 없이 '이발 5,000원'이라는 문구만 적혀있는 반쯤 열린 이발소 문을 통해 안쪽을 흘낏 훔쳐봅니다. 영업을 하기는 하는가 싶었는데 손님이 만원입니다. 호기심이 발동하여 들여다보니 한눈에 봐도 시설이 요즘과는 사뭇 다릅니다.

일제시대 때부터 있었다는 이곳은 처음에 일본인이 영업을 하다 해방 후 두고 간 것을 지금의 주인이 받아서 영업을 시작했다

구포역에서 시장으로 이어지는 굴다리

이현주 | 구포 이야기

고 합니다.

철통처럼 묵직한 이발의자가 첫눈에 들어옵니다. 요즘처럼 높낮이가 조절되지 않는 의자입니다. 그래서 어린아이가 오면 의자 팔걸이에 나무판때기를 걸쳐놓고 그 위에 아이를 앉혀서 머리를 깎았지요.

어린시절에는 그 높이가 왜 그렇게나 높게 보였는지, 머리를 깎는 내내 울부짖던 아이들이 참 많았습니다.

순간 의자에 앉고 싶은 충동이 일었지만 빈 의자가 없군요. 더군다나 기다리는 손님도 네댓 분 계십니다. 대부분이 수십 년 단골이라 합니다. 잊고 지내온 정겨운 풍경입니다.

구포장날이면 먹을 수 있는 구포국수

굴다리를 지나 구포시장 쪽으로 가다보니 골목입구에 아무렇게나 대충 쓴 국수집이 눈에 들어옵니다. '구포국수 2,500원-골목 안'. 숫자 '5' 뒤편으로 지워진 숫자 '0'의 잔흔이 뚜렷합니다.

불과 얼마 전에 가격을 올린 모양입니다. 그래도 참 고마운 가격이지요.

국수 건조시키는 모습

 골목을 따라 들어가니 간판은 보이지 않고 마당 넓은 집이 있습니다. 입구서부터 널부러져 있는 야외용 테이블에 손님들이 참 많군요. 이어 물을 것도 없이 물국수 한 그릇이 나옵니다. 알고 보니 메뉴는 오직 '물국수'뿐이라고 하네요.
 국수하면 구포국수가 유명하지요. 일제 말기부터 구포에는 제면업이 발달하여 국수공장이 두어 곳 있었다 하네요. 급하게 끓여 먹을 수 있는 장점과 값싸고 푸짐한 양 때문에 전시(戰時)식품으로 일본 군대에도 납품할 정도였다 합니다.
 더군다나 구포시장은 강물이 드나드는 저습지여서, 국수를 말리면 습기가 올라와 면이 쉽게 끊어지지 않고 면발이 쫄깃해 더욱 인기가 높았다 합니다.

광복 후 구포시장 변두리에는 소규모 공장이 더 들어서면서 그 명성은 더 높아졌다는군요. 게다가 6.25전쟁 발발로 피난민들이 몰려들면서 수요는 더욱 늘어났다 합니다. 때문에 미군 부대서 나온 빈 박스에 국수를 채워 장사를 하며 생계를 이어가는 사람이 많았답니다. 구포역에는 아침이면 박스를 인 이삼십 명의 아주머니들이 인근 지방으로 국수를 팔러가는 모습을 쉽게 볼 수 있었다 합니다.

구포시장 입구

골목길을 빠져나와 시장통으로 들어서니 발 디딜 틈이 없습니다. 때마침 장날인 게지요. 재래시장과 닷새장이 공존하는 구포시장은 단일장으로도 전국에서 손꼽히는 규모인데, 3일과 8일 장이 서는 날이면 주변에 교통 체증을 불러일으킬 정도로 많은 사람들이 몰려든다고 합니다.

조선시대에는 감동장이라 불렸다는군요. 감동장은 조선시대 때부터 번창하였으나 한때 사라질 위기에 처한 적도 있었답니다.

순조 9년(1809년)에 동래부에서 감동장(甘同場)을 산성 입구인 대천촌(현, 화명동 와석마을)으로 옮겨 달라고 중앙에 건의하였다는군요. 당시 동래부가 양산군(당시 구포는 양산군에 속해 있었음)보다 세력이 강하였기 때문에 장터가 옮겨질 지경에 이르게 되었답니다.

이에 양산군수가 임금에게 상소문을 올려, 구포의 감동장은 낙동강 연안의 물자를 집산하는 곳으로 교류상 중요한 위치에 있기 때문에 만약 대천으로 장을 옮기더라도 감동장은 없앨 수 없음을 건의하여 현재까지 그 맥을 이을 수 있었다 합니다.

그 뒤 대천촌에도 장이 들어섰는데 그 일면에는 재미난 이야기가 전해옵니다.

당시 대천촌에는 소금 장사를 하여 부자가 된 천(千)씨 성을 가진 국부(國富)가 살았는데, 얼마나 큰 부자였던지 그에게 딸린 식솔만으로도 마을을 이룰 정도였다 합니다.

일설에 의하면 천국부는 소금배를 타고 장사를 다니면서 가짜 엽전을 싸게 사들였는데, 그것을 배 밑에 깔아 가마니를 덮어놓고 소금물을 퍼부어 엽전에 녹이 쓸어 진짜와 구분하지 못할 정도로 만들어 큰 부자가 되었다고 합니다.

이어 부자가 된 천씨는 큰 집을 짓게 되는데 그의 아들이 100간짜리 집을 고집하여 크게 짓다가 미처 완성도 못하고 역적으로 몰려 패가망신했다고 전해옵니다.

아무튼 당시 천국부는 감동장의 이전이 무산되자 그의 재력으로 시장을 형성하였는데 '장터걸'이라 전해져 옵니다.

강가에 형성되었던 감동장은 1930년대 강변에 제방을 쌓으면서 주위 환경의 변화로 현재의 장터로 옮겨지게 되었답니다. 함석지붕을 한 목조(木造) 건물과 노점이 들어서면서 매일 장이 열리게 되었는데 3일과 8일에 열리던 오일장도 계속 유지하였다고

옛날 장터 모습

합니다.

오일장에는 쇠전(牛市場)과 나무전이 유명했다 합니다. 쇠전은 이후 대리둑 너머로 옮겨 갔다가 1970년대에 없어졌고 나무전 또한 무연탄이 나오면서 사라졌는데 구포장의 명물이었답니다.

1980년대부터는 약초상(藥草商)들이 들어서기 시작하면서 약초시장이 형성되어 현재까지 이어져 오고 있습니다.

또한 우시장은 사라졌지만 80년대 이후 보양식과 관련된 대형 가축시장이 들어섰는데, 보통 시골장에서 볼 수 있는 닭, 오리 등은 물론 시중에서 구하기 힘든 개, 고양이, 토끼, 염소 등 몸에 좋다고 소문난 것은 다 있습니다. 특히 개고기가 유명세를 타면서 일명 '개다리 골목'이라 불리고 있습니다.

골목 입구부터 코끝을 스치는 향이 예사롭지 않습니다. 육고기 특유의 냄새와 하근내가 속을 비리게 합니다.

걸음을 재촉하여 조금 빠르게 골목을 빠져나옵니다.

가축시장의 도로 건너편에 옛 객주의 장국 맛을 볼 수 있는 식당이 있다기에 물어물어 갔습니다.

덕천고가!

입구의 현수막 문구부터 시선을 끕니다.

"애비야~몸 챙기라! 속이 풀리야 일이 잘 풀린데이"

요즘 같은 불경기에 딱 어울리는 말입니다.

이 식당의 장국 맛은 당시 객주 중 하나였던 덕천객주에서 비롯

되었다 합니다. 덕천객주에는 김해와 양산 일대의 보부상들, 거간꾼, 목도꾼, 뱃사람 등 수십 명의 식솔들이 들락거렸는데, 이들을 위해 끓이던 국밥이 영남 제일이라는 평을 받았답니다. 그 맛을 이어받아 탄생한 것이 덕천고가 장국이라는군요.

덕천고가의 장국밥은 두 가지가 있는데, 하나는 돼지를 가마솥에 넣고 하룻밤 하루 낮을 고아 뻑뻑하게 골수가 빠져나온 곰국인 '진땡(眞湯)'과, 그 진땡에다 조선된장을 풀고 우거지, 부추, 고추, 마늘, 파 등을 넣어 끓인 '장국'입니다. 국물이 정말 진하고 고소합니다.

이래저래 돌다보니 하루가 다 갔군요. 때마침 전화 한 통이 왔습니다. W 시인입니다. 오늘 하루 일과를 간단히 전했더니 퇴근 길이니 기다리랍니다. 술 한 잔 생각이 나는 모양입니다.

30분도 채 되기 전 W 시인이 왔습니다. 중간에 연락에 닿았다며 J 평론가도 함께 왔습니다. 두 사람을 따라 시장 옆 골목길을 접어들었습니다. '꼬리집'골목이랍니다. 웬 꼬리! 소꼬리라면 가격도 만만찮을 텐데 생각이 드는 순간 돼지꼬리라고 귀띔을 합니다. 꼬리 한 접시와 소주 한 병을 함께 나오는데 11,000원이라네요. 족히 네댓 명은 먹을 수 있는 양입니다. 곁들여 나오는 채소도 한 소쿠리 가득이군요. 김치도 가득, 쌈장도 가득, 게다가 먹다 모자라면 또 준답니다. 아들네가 우유대리점을 한다며 야쿠르트까지 덤으로 내놓습니다.

보름이 가까웠는지 둥근 달도 한아름입니다.

'구포장타령'의 흥이 절로 전해오는 밤입니다.

샛바람 반지 하단(下端)장 엉덩이가 시러버(워)서 못 보고
골목골목 부산(釜山)장 질(길) 못 찾아 못 보고
나리(루) 건너 맹호(鳴湖-명지)장 선개(船價)-뱃삯) 없어 못 보고
벌판같은 김해(金海)장 여빗돈이 없어 못 보고
강건너 떡돌(德斗)장 나릿(룻)배가 없어 못 보고
꾸벅꾸벅 구포(龜浦)장 허리가 아파 못 보고
고개 너머 동래(東萊)장 다리가 아파 못 보고

미지기 짠다 밀양(密陽)장 싸게를 묵(먹)어서 못 보고
아가라 크다 대구(大邱)장 너무 넓어서 못 보고
이산 저산 양산(梁山)장 산이 가리어서 못 보고
울루루 갔다 울산(蔚山)장 하도 바빠 못 보고
언제 볼까 언양(彦陽)장 어정어정 못 보고
남실남실 남창(南昌)장 물이 짚(깊)어서 못 보고

들락날락 입실(入室)장 문이 닫혀 못보고
코 풀었다 흥해(興海)장 미끄럽어서(러워서) 못 보고
똥 샀다 구례(求禮)장 구린내가 나서 못 보고
깎아 말린 감포(甘浦)장 딱딱해서 못 보고
이리저리 못 보고 장꾼 신세가 말 아니네
이장 저장 못 보고 장타령만 하는구나
품 - 품 - 각설아
이장 저장 다 다녀도 우리 구포장이 제일일세

동광동의 기상, 백산기념관을 가다

정훈(문학평론가)

요즘처럼 볼거리와 먹을거리가 널려 있는 때일수록 지나간 선열들의 발자취를 더듬는 일을 소홀히 하는 경우가 많다. 내가 올해 초 중앙동, 아니 정확히 말해서 동광동에 터를 잡고 활동하면서 원도심이라 흔히 말하는 부산 중구 일대를 유심히 살펴보아야 할 기회가 자주 생겼다. 그러나 원체 게으른데다 일을 차일피일 미루는 성격 때문인지 제 집 둘레에 산적한 문화유산이나 명소는커녕 그 유명한 용두산 공원에 올라가 바람이라도 쐬는 기회조차 스스로 만들지 않았다. 언제 한번은 무슨 대단한 용기라도 낸 듯 용두산 공원 전망대에 올랐다. 부산 앞바다와 저 멀리 동백섬과

해운대 마린시티까지 바라다 보이는 풍광에 젖어 한 시간 가량 사방을 둘러보니, 이만하면 부산도 세계 도시가 될 법도 하다는 생각조차 하였다. 그런데 경치야 부산뿐만이 아니라 이 나라 곳곳에서 저마다 앞서거니 뒤서거니 뽐낼 터이니 괜한 애향심을 자아낼 필요까지는 없겠지. 어쨌든 대청로를 사이에 끼고 부산호텔과 타워호텔 쪽으로 가다보면 백산기념관이 있다. 행정구역은 부산광역시 중구 백산거리 62(동광동 3가 10-2)이다. 평소에 기념관 맞은편에 있는 〈푸른별〉 출판사에 볼 일이 있거나 지인들과 멸치쌈밥집에 들러 쌈밥을 먹을 때 말고는, 또한 기념관 앞에 있는 쉼터에 앉아 담배를 피울 때 말고는 내게 백산기념관은 그야말로 오다가다 보게 되는 구조물 중의 일부에 지나지 않았다. 그러다 무슨 생각이 나서였는지 단아하고 소박한 건물 지하에 마련되어 있는 백산 선생의 자료와 유품이 진열된 곳으로 발걸음을 옮겼다.

　백산 안희제(1885.8.4~1943.8.3) 선생이 누구던가. 전시실에는 안내를 맡은 어르신 두 분이 계셨는데, 그 중 한 분이 막 내게

다가와 설명을 해도 괜찮겠냐며 물었다. 작은 몸집에 정년을 지나 일흔이 넘어 보이는 할아버지였다. 백산 선생이 태어나셔서 순국하실 때까지의 여러 활동을 목청 높여가며 설명하신다. 으레 문화 유적이나 박물관 같은 데서 관광객들에게 안내를 하는 사람들이, 그 노릇에 길든 나머지 대개 요령껏, 그리고 업무상의 말투로 안내를 하는 경우가 많은데 그 분은 진정으로 백산 선생을 흠모하시는 듯했다. 눈빛은 초롱초롱했으며 백산 선생의 일화를 소개하면서도 자신이 흠뻑 빠져들면서 마치 그런 선생을 생면부지

의 남자에게 알린다는 게 커다란 영광인 듯 목소리는 취해 있었다.

> 새는 한가로움을 좋아하여, 골짜기만 찾아드는데 鳥欲有閑尋僻谷
> 해는 편벽되기를 실어하여, 중천에서 광채를 더 한다 日慊偏照到中天

어려서부터 사서삼경을 익히고 문재(文才)가 뛰어났던 선생이 약관의 나이가 되기도 전에 쓴 한시다. 이 글로 사람들을 깜짝 놀라게 했던 것이다. 안내하시는 어르신이 이 대목을 설명하실 때 나는 대뜸 한마디를 곁들였다.

"백산 선생이 자신의 운명을 예견하셨군요."

"그렇소이다!"

큰 사람이란 자신의 명예와 영달에 얽매여 시대의 흐름에 영리하게 따라붙는 보통의 사람하고는 달리, 고난과 역경이 따를지라도 대의(大義)를 세우고 그에 자신을 채찍질하는 사람이다. 모든 사람들이 단지 편하고 수월하다는 이유만으로 큰 길을 지날 때 비록 외롭지만 정도(正道)인 좁은 길을 묵묵히 걷는 사람이다.

백산은 경남 의령군 부림면 입산리에서 태어났다. 어려서 한학(漢學)을 공부하다가, 1905년 이른바 을사보호조약을 지켜보면서 나라를 구하겠다는 큰 뜻을 품고 상경했다. 거기서 사립 신흥학교를 다니면서, 1943년에 돌아가실 때까지 한 평생을 조국을 위해 헌신하는 것으로 일관했다. 그는 단순한 독립운동만이 아니라 정치 · 경제 · 교육 · 청년 · 언론 · 농민 · 종교들처럼 지식인이라면 그 때 할 수 있었던 거의 모든 분야에 걸쳐 여러 구국운동을 전개하였다. 그러기에 이은상은 백산을 두고 "민족사상의 고취자요, 민족교육의 선각자요, 민족자본의 육성자요, 민족언론의 선구자요, 영남의 지도자이면서 독립투사"라고 평했던 것이다.

 백산 선생은 민족자본의 육성과 독립운동의 자금조달과 연락을 위해 1914년 오늘날의 동광동 3가에 백산상회를 설립하고, 이를 확장하여 1917년에는 자본금 13만원의 합자회사 백산상회로, 1919년에는 자본금 100만원의 백산무역주식회사로 개편하였다. 이는 당시 부산에서 가장 큰 규모의 상사(商社)로, 백산은 회사를 운영하면서 일제에 대한 부산 사람들의 권익과 민족의식의 고취

를 위해 다양한 노력을 기울였다.

　백산회사는 독립자금 공급을 그들의 자체 경리에서만 담당했던 것이 아니라 국내 각 유지들이 기탁하는 자금을 송달하는 일도 맡았다. 자금 연락방식은 늘 장부 거래 형식을 취해 왔으므로 일경의 수사망에 좀처럼 걸려들지 않았다. 하지만 끈질긴 일본 경찰은 백산상회와 관련된 자(후원자)들을 찾아다니며 압력을 가하여 자금원을 뿌리부터 막는 방법으로 백산상회의 경영을 방해하였다. 마침내 백산상회도 손을 들고 말았다. 백산상회를 하면서 동아일보 창립 발기에 참여하여 부산지국장(1920)을 역임하고 언론전을 전개하던 백산은 1927년 자력사를 설립, 협동조합 운동을 펼치다가 백산상회가 청산(1928)된 후 서울의 중외일보 사장에 취임(1929)한다. 선생은 독립자금 송금 문제로 종로서에 구금되는 등 중외일보 경영에도 난관에 부딪치자 만주지역의 진출과 독립운동 기지화에 박차를 가한 것이 1933년 발해농장과 발해학교(중국 영안현 동경성) 경영이다. 이 농장은 대종교 서적 간행회장(1942.11)으로 활동한 사실을 구실삼은 일경에 체포(임오교변)되기까지 유지되었다. 백산 선생은 1942년 11월 19일에 붙잡혀 고문을 받은 끝에 영제한의원에서 순국(1943.8.3)하였다.

　전시관을 둘러보다가 나는 '임오십현(壬午十賢)'의 명단에 눈길을 오래 주었다. 마음이 심란하고 뜨거운 무엇이 몸속에 차올랐다. 그때까지도 열변을 토하던 안내자는, 자신이 기념관에 근무하면서부터 틈틈이 익힌 근대역사 지식으로 설명을 하는 것이지만 이런 훌륭한 분들의 업적과 정신을 이어받지 못하고 흥청망청 해대는 사회분위기가 참으로 야속하다고 했다. 나도 충분히 공감했다. 위인은 가고 쭉정이들만 남은 시대인지 요란하고 시끄럽고 가볍다. 조금만 가지고도 대단한 것이라도 소유한 양 으스대고 발악한다. 한 푼어치도 안 되는 욕심을 채우기 위해 만용을 부리는 시대이다.

 어쨌든 1942년 임오교변을 치르게 된 것은 일제가 태평양전쟁을 치르는 과정에서 전쟁에서 이기기 위한 일환으로 식민지 내부의 항일 세력을 철저히 제거하려는 차원에서 이루어졌다. 일제 당국은 대종교 전반에 걸쳐 내부 사찰을 강화하는 가운데, 대종교 내부 실태와 간부의 언동을 상세히 보고받았다. 전쟁 정세의 변화 따위를 감안하여 대종교의 교세확장을 보고 일제 당국은 불안을 감추지 못하여 대종교 간부 스무 명 남짓을 검거한 것이다. 임오교변이 일어나기 두 달 전에 조선어학회 사건이 터졌다. 그런데 조선어학회의 대표자였던 이극로가 윤세복 교주 앞으로 보낸 〈널리 펴는 말〉이라는 편지가 곧 임오교변이 일어나게 된 계기가 되었다. 일제는 이 서간을 '조선독립선언서'라 단정하고 이 선언서를 계기로, 그들이 일제에 항거와 봉기를 선동했다고 주장했다. 일제의 대종교 간부 스물한 명에 대한 죄명은 '조선독립이 최후의 목적'이라는 점에서 치안유지법 제1조와 제2조를 적용하였다. 그리고 약 10개월에 걸쳐 갖은 고문과 악형으로 취조를 하였는데 이 과정에서 백산 선생을 비롯한 10명은 사망하였고 윤세복 교주를 포함한 8명은 실형을 받아 형무소 생활을 하게 되었다. 백산의 경우 건강이 좋지 않아서 만주에서 귀국하여 고향인 의령 자택에서 요양 중 붙잡혀 만주 영안현 경무과에 구속되었다. 그리고 목단강(牧丹江) 경무처에 이수(移囚)되고 8개월에 걸친 고문 끝에 병을 얻어 병보석하게 되었지만 곧 목단강 시(市) 영제의원에서 1943년 8월 3일에 결국 숨을 거두고 만 것이다.

시간 가는 줄도 모르고 40분가량 설명을 듣던 중, 기념관 지하 공사로 일꾼들이 계단을 오르내리고 공사 소음이 간간이 들려 왔다. 안내하시는 어르신이 설명을 마무리하는 대목에 이르러 잠시 숨을 고른 뒤 한마디 곁들인다.

"백산 선생은 만으로 정확히 쉰아홉 해를 사셨습니다."

그렇다. 환갑이 채 못 된 쉰아홉 해를 꽉 채우셨다. 요즘 수명으로 보면 참으로 안타까운 세수(世壽)가 아닐 수 없다. 그러나 한편으로는 참 의미심장한 생몰연대가 아닌가. 그분이야말로 어지러운 세상에 나셨어도 제 몫을 더도 덜도 말고 훌륭하게 채우시다 가신 어른이다. 작은 일에 연연하지 않으면서 큰일을 대범하게 성사시키고 돌아가신 분이다.

부민동으로 급히 갈 일이 생겨서 어르신께 고맙다는 인사를 하고 나오려다 잠깐의 궁리 끝에 지하 2층에 있는 독립운동관련자

료 전시실에 들렀다. 역사책이나 여러 책들에서 익히 보아왔던 항일 독립운동관련 독립운동가와 단체들의 국·내외 활동상을 새삼스레 다시 훑어보았다. 감개무량했다. 잠시 지하 1층 안내실에서 뽑아들었던 기념 책자에 노산 이은상이 지은 백산 선생 추모비 글귀 한 대목을 인용한다.

> 빼어난 태백산 같이 한 시대 뛰어난 이여
> 줄기찬 낙동강처럼 고난의 길 헤쳐간 이여
> 불굴의 기백과 지조 백대의 스승이외다
> 망한 나라 찾으시려고 영화 안락 버리신 이여
> 광복된 오늘이오니 도로 그 복록 누리옵소서
> 이 강산 이 겨레 함께 길이길이 사시오리다

기념관에서 나와 오른편 대청로 쪽으로 총총 걸어간다. 늦가을

행인의 발걸음은 빨랐으며 가로수들은 곧 다가올 겨울을 나기 위해 눈에 보이지 않는 기운을 힘차게 끌어 모으고 있을 것이다. 사람들 또한 마찬가지다. 나처럼 허둥대고 모자란 듯한 존재도 알게 모르게 다가올 추위와 고독을 이겨내기 위한 방편을 마련한다. 그런데, 어리석고도 어리석다. 누굴 위한 목숨이며 누굴 위한 삶이며 누굴 위한 생활이란 말인가. 다만 밀려나지 않으려고, 도태되어 손가락질 받지 않으려고 용쓰는 소인배들의 헛짓거리에 지나지 않은 것을.

하늘을 쳐다본다. 따스한 햇살 속에서 나를 찌르는 것들이 있다. 추슬러야겠다, 마음먹는다. 그 때 찬바람 한줄기 휭 하니 지나가는 소식을 엉거주춤한 내게 주고 간다.

백산 안희제(白山 安熙濟) 연보

1885. 8. 4(음)　경남 의령군 부림면 입산리에서 태어남.
1905　　　　　보성전문학교 경제과 입학
1907　　　　　구명학교, 의신학교 설립
1908　　　　　창남학교 설립
1909. 10.　　　대동청년단(大東靑年黨) 결성
1910　　　　　양정의숙 경제과 졸업
1911　　　　　러시아 망명
1914. 9.　　　 중국을 거쳐 귀국, 백산상회 설립
1919. 3.　　　 3·1 운동 영남일대 독립선언서 배포
1919. 11.　　　기미육영회(己未育英會) 조직
1920. 4. 1　　 동아일보 창립발기인 참여(동아일보 부산지국장 역임)
1927　　　　　자력사(自力社) 설립, 협동조합운동 전개
1929. 9. 1　　 중외일보 사장 취임
1930　　　　　전조선 수재 구제회 조직
1933　　　　　국외독립운동기지로 발해농장 경영(중국 영안현 동경성)
1941. 1 15　　 대종교서적간행회 회장
1942. 11. 19　 임오교변(壬午敎變)으로 일경에 체포
1943. 8. 3(음)　순국(중국 목단강 영제의원)
1962. 3. 1　　 건국훈장독립장 추서
1998. 6. 8　　 고려대 명예학사 학위수여

송정역과 마을돌담과 오래된 이발소

최원준(시인)

기차를 타고 송정역으로 갑니다. 동해남부선 따라 끄덕끄덕 포구마을들을 지나서 갑니다. 미포, 청사포, 구덕포… 아름다운 이름들에게 인사를 하다보면 어느새 맞닿는 곳 송정. 그래서 이웃 정이 담뿍담뿍 아름다운 송정입니다.

송정역에 내리면 바다 갯내음이 좋습니다. 부산말로 '해감내'라고 하지요. 향긋하면서도 그윽한 해감 냄새가, 송정을 따뜻하게 만듭니다. 송정을 찾는 이들에게는 참으로 반가운 마중입니다.

그리고 송정을 더욱 푸근하게 만드는 곳이 있는데 송정의 터줏대감 송정역입니다. 70여년 세월을 한적한 바닷가 송정을 '다독

다독' 지키고 있었으니까요. 그런 송정역이 2006년 문화재가 되었습니다. 등록문화재 제302호입니다. 1934년에 처음 기차가 정차하기 시작한 송정역은 1940년 12월 역사가 건립되어 오늘에 이르고 있지요. 1940년대 역사건축의 전형을 보여주고 있는 소중한 근대문화유산입니다.

그래서인지 한 발 한 발이 조심스럽습니다. 그러면서도 편안하기도 하고 다정스럽기도 합니다. 오랫동안 쉬지 않고 긴 철로를 바라보며 사람들을 맞이하고 떠나보냈을 테니까요. 얼마나 많은

이들을 배웅하고 마중했는지는 아무도 모릅니다. 그냥 그렇게 오고가는 사람들 사이로 고이 늙어가고 있는 송정역입니다.

송정역에게 안부를 묻고는 바닷가 길 쪽으로 걸어갑니다. 걷다 보면 마을 안쪽으로 아주 정겨운 곳 하나가 반깁니다. 바로 마을 돌담입니다. 거센 바닷바람을 막기 위해, 여기저기 굴러다니던 돌을 쌓아올려 만든 돌담. 어느 분들이 이 돌담을 쌓아 올렸는지는 모릅니다. 그러나 이 분들의 따뜻한 마음과 정성은 한 눈에 봐도 묵직한 아름다움입니다.

돌담 사이로 담쟁이덩굴과 나팔꽃이 서로 담을 타고 오릅니다. 흰나비가 담장 위로 너울너울 날아다닙니다. 잠자리도 질세라 맴맴 맴을 돕니다. 하늘이 시리도록 푸릅니다. 이끼 낀 돌담을 쓰다듬어 봅니다. 투박하면서도 제대로 정렬되어 있습니다. 담이 된

돌들의 모양과 크기가, 닮은 데라곤 한 곳도 없습니다. 그러면서도 어찌 이렇게도 든든하게 손깍지를 꼈을까요? 쌓아올린 분들의 마음이 제 손 끝으로 전해집니다.

돌담을 쓰다듬는 제 손 끝으로 물길이 납니다. 그 물길 속으로 나무가 자랍니다. 그리고는 따뜻한 꽃이 핍니다. 나무 가지 끝에 화사하고 촉촉한 꽃들이 벙글어대는 것입니다. 바로 돌담과 제 손끝 사이를 관통하며, 아주 긴 세월이, 시간의 꽃으로 만개합니다.

어떻게 이다지도 평화로울까요? 한 땀 한 땀 돌담에 닿는 손길마다 샘이 솟아오르고, 온갖 풀꽃들도 자지러집니다. 그래서 좋습니다. 돌담을 따라 걷는 저마저 애틋하고도 따사롭습니다.

돌담길을 따라가다 보면 제가 좋아하는 곳이 하나 더 있습니다. 70여 년이 훌쩍 지난 오래된 이발소입니다. 요사이는 '이용원'이라고 부르더군요. 그래도 저는 '이발소'가 운치가 있어 좋습니다. 정겹고도 예스러워 그렇게 부르고 싶어집니다.

그런 이발소가 송정시장 편에 있습니다. '송정 이용원'입니다. 아주 작은 이발소이지요. 70여 년의 나이만큼 꽤나 늙었습니다. 간판도 세월의 더께가 잔뜩 묻었고요. 이발소 의자 2개도 모두 편안하게 늙었습니다. 모두가 오래 된 정물처럼 한 자리를 계속 지키고 있습니다. 그래서 어릴 때 머리를 깎던 고향 동네 이발소에 다시 온 것 같습니다.

2011년 3월이면 송정이발소는 철거된다고 함

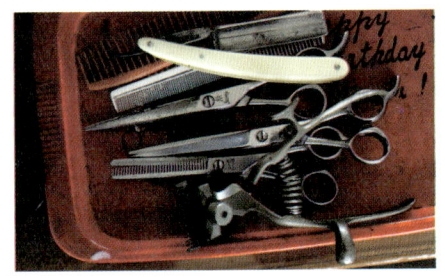

　40여 년 이발소를 지키고 있는 김종대 선생이, 돋보기 너머로 나그네를 물끄러미 바라봅니다. 선친의 가업을 이어받아 지금껏 이곳을 지키고 있습니다. 늙수그레한 단골이 이발을 하러 옵니다. 단골들도 주인장과 함께 늙어 갑니다. 주로 60~70대 어르신들입니다.
　내친 김에 저도 머리를 깎아봅니다. 아주 옛스럽게 깎아줄 것 같아 약간 걱정(?)이 됩니다. 그래도 좋습니다. 머리 조금 어색하다고 뭐, 까짓 거 어떻겠습니까? 호기롭게 "알아서 깎아주이소" 합니다. 아저씨도 별로 물을 마음이 없는 듯합니다. '이발소 머리'로 깎아주면 되니까요.

솔에 묻힌 비눗물을 머리에 바릅니다. 쓱쓱 머리카락이 잘려나갑니다. 시원스레 저의 미련과 욕심도 같이 잘려나갑니다. 라디오에선 구성진 '목포의 눈물'이 흘러나오고요. 머리를 깎는 사람이나, 맡긴 사람이나, 흥얼흥얼 노랫가락을 읊조립니다. 갑자기 모든 세상일들이 편해집니다. 깎은 머리도 너무 시원합니다. 저도 이 곳 이발소에 단골이 되려나 봅니다.

필진소개

김미선 계간 ≪문학도시≫ 등단. 시인협회회원 국제펜클럽 부산지역 사무차장.

김유리 동아대학교 국어국문학과 중퇴. 소설 『옥탑방 고양이』(1,2권) 출간. 원도심문화창작공간 집필실·대표. 출판사 키스더북스 대표

김수우 1995년 ≪시와시학≫ 등단. 시집 『붉은 사하라』 외. 산문집 『유쾌한 달팽이』 외. 현재 백년어서원 대표.

김해경 1994년 ≪시의 나라≫ 등단. 시집 『아버지의 호두』. 문화공간 〈수이재〉 집필작가.

나여경 2001년 ≪경인일보≫ 신춘문예 등단. 소설집 『불운한 식탁』. 현재 부산작가회의 사무차장.

신정민 2003년 ≪부산일보≫ 신춘문예 당선. 시집 『꽃들의 딸꾹』. 부산작가회의 회원.

오소연 시나리오 작가. 번역가.

이선형 1994년 ≪현대문학≫ 등단. 시집 『밤과 고양이와 벚나무』.

이현주 계간 ≪주변인과 시≫ 운영위원. 또따또가 문화공간 〈수이재〉 작가. 부산시인협회 회원.

정 훈 2003년 ≪부산일보≫ 신춘문예 등단. 또따또가 문화공간 〈수이재〉 집필작가.

최원준 1987년 『지평』 작품활동·1995년 ≪심상≫ 신인상. 시집 『北巴』 외. 현재 (사)최계락문학상재단 사무국장.

부산, 장소를 꿈꾸다

1판 1쇄 · 2010년 12월 30일
지은이 · 김미선 외
펴낸이 · 서정원
펴낸곳 · 도서출판 전망
주　소 · 부산광역시 중구 중앙동3가 12-1 우편번호 · 600-013
전　화 · 466-2006
팩　스 · 441-4445
출판등록 제카1-166
ⓒ 김미선 외 KOREA
값 10,000원

ISBN 978-89-7973-297-9
w441@chollian.net

* 저자와 협의에 의해 인지를 생략합니다.